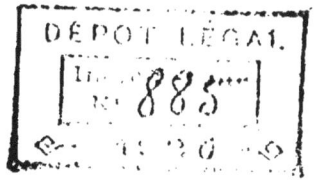

DE LA CONTINGENCE

DES

LOIS DE LA NATURE

AUTRES OUVRAGES DE M. E. BOUTROUX

Études d'histoire de la philosophie, 1 vol. in-8 de la *Bibliothèque de philosophie contemporaine*, 3me édition, 7 fr. 50 (Librairie Félix Alcan).

De l'idée de loi naturelle dans la science et la philosophie contemporaines, cours professé à la Sorbonne en 1892-1893. 1 vol. in-8, 2 fr. 50 (Librairie Félix Alcan).

La philosophie des Grecs, par E. Zeller, traduit de l'allemand par E. Boutroux et ses collaborateurs, t. I et II ; *La philosophie des Grecs avant Socrate*, par M. Boutroux (Hachette et Cie).

Questions de morale et d'éducation, conférences faites à l'école de Fontenay-aux-Roses (Delagrave).

DE LA CONTINGENCE

DES

LOIS DE LA NATURE

PAR

ÉMILE BOUTROUX

Membre de l'Académie française
et de l'Académie des Sciences morales et politiques

> Εἶναι καὶ ἐνταῦθα θεούς.
> (ARISTOTE, *De part. anim.*, 1, 5.)

NEUVIÈME ÉDITION

PARIS
LIBRAIRIE FÉLIX ALCAN
108, BOULEVARD SAINT-GERMAIN, 108

1921

Tous droits de traduction, de reproduction et d'adaptation
réservés pour tous pays.

DE LA CONTINGENCE

DES

LOIS DE LA NATURE

INTRODUCTION

L'homme, à l'origine, tout entier à ses sensations de plaisirs ou de souffrance, ne songe pas au monde extérieur; il en ignore même l'existence. Mais, avec le temps, il distingue, dans ses sensations mêmes, deux éléments, dont l'un, relativement simple et uniforme, est le sentiment de soi-même, et dont l'autre, plus complexe et plus changeant, est la représentation d'objets étrangers. Dès lors s'éveille en lui le besoin de sortir de soi et de considérer en elles-mêmes les choses qui l'environnent, le besoin de *connaître*. Il ne se demande pas à quel point de vue il doit se placer pour voir les choses, non telles qu'elles lui apparaissent, mais telles qu'elles sont en réalité. Du point même où il se trouve, ses yeux, en s'ouvrant, ont découvert une perspective admirable et des horizons infinis. Il s'y établit donc comme en un lieu d'observation; il entreprend de connaître le monde tel qu'il l'aperçoit de ce point de vue C'est la première phase de la science, celle où l'esprit se repose sur les *sens* du soin de constituer la connaissance universelle. Et les sens lui fournissent en effet une première conception du monde. Selon leurs données, le monde est un ensemble de faits d'une infinie variété. L'homme peut les observer, les analyser, les décrire avec une exactitude croissante. La science est cette description même. Quant à un ordre fixe entre les faits, il n'en est pas question : les sens ne font rien voir de tel. C'est le hasard, ou le destin, ou un ensemble de volontés capricieuses, qui président à l'univers.

Pendant un certain temps, l'homme se contente de cette conception. N'est-elle pas déjà très féconde ? Cependant, tout en observant les faits, l'esprit remarque entre eux des liaisons constantes. Il voit que la nature se compose, non de choses isolées, mais de phénomènes qui s'appellent les uns les autres. Il constate que la contiguïté des phénomènes, au point de vue des sens, n'est pas un sûr indice de leur corrélation effective. Il voudrait pouvoir ranger les phénomènes, non dans l'ordre où ils lui apparaissent, mais dans l'ordre où ils dépendent effectivement les uns des autres. La science purement descriptive lui paraît désormais insuffisante, inexacte même, en ce qu'elle fausse les relations des choses. Il y voudrait joindre la connaissance explicative. Cette connaissance, les sens ne peuvent la procurer. Car, pour l'acquérir, il faut prendre note des liaisons observées, et les comparer entre elles, de manière à discerner les liaisons constantes et générales. Puis, ces cadres une fois formés, il faut y faire rentrer les liaisons particulières que l'on se propose d'expliquer. Or les sens n'atteignent que les liaisons immédiatement données par les choses elles-mêmes. Mais l'entendement intervient et offre à l'esprit un point de vue plus élevé, d'où les choses sont aperçues précisément dans ce qu'elles ont de général. L'esprit charge donc l'entendement d'interpréter, de classer, d'expliquer les données des sens.

L'entendement, placé ainsi au-dessus des sens, prétend d'abord se passer d'eux et construire, à lui seul, la science du monde. Il lui suffira, semble-t-il, de prendre pour point de départ celles de ses idées qui lui apparaissent comme évidentes par elles-mêmes, et de les développer d'après ses propres lois. Jusqu'à quel point réussit-il à opérer cette construction sans rien emprunter au sens? Il est difficile de le dire. Quoi qu'il en soit, il aboutit à une science dont toutes les parties sont, il est vrai, rigoureusement liées entre elles, et qui, de la sorte, est parfaitement une; mais qui, d'autre part, présente avec les choses réelles une divergence que les progrès mêmes de la déduction rendent de plus en plus manifeste. Or l'ordre des idées n'a de valeur que lorsqu'il explique l'ordre des phénomènes.

Devant l'impossibilité de constituer la science à lui seul, l'entendement consent à faire une part aux sens. Ils travailleront de concert à connaître le monde. Les uns observeront les faits, l'autre les érigera en lois. En suivant cette méthode, l'esprit tend vers une conception du monde plus large que les précédentes. Le monde est une variété infinie de faits, et entre ces faits existent des liens nécessaires et immuables. La variété et l'unité, la contingence et la nécessité, le changement et l'immutabilité, sont les deux pôles des choses. La loi rend raison des phénomènes; les phénomènes réalisent la loi. Cette conception du monde est à la fois synthétique et harmonieuse, puisqu'elle admet les contraires sans restriction, et néanmoins les concilie entre eux. Elle permet d'ailleurs, ainsi que l'expérience le montre, d'expliquer et de prévoir de mieux en mieux les phénomènes. Frappé de ces avantages, l'esprit s'y complaît de plus en plus et juge de tout par là.

Et maintenant, cette conception elle-même est-elle définitive ? La science que peut créer l'entendement opérant sur les données des sens est-elle susceptible de coïncider complètement avec l'objet à connaître ?

D'abord cette réduction absolue du multiple à l'un, du changeant à l'immuable, que se propose l'entendement, n'est-elle pas, en définitive, la fusion des contradictoires ? Et, si l'absolu est l'intelligible, cette fusion est-elle légitime ? Ensuite, suffit-il que l'entendement fasse une part aux sens pour que l'esprit soit placé au point de vue vraiment central ? En réalité, cette concession n'intéresse que la recherche des lois de la nature. Elle n'implique pas un changement dans la conception même du monde. Du moment que l'entendement impose à la science sa catégorie de liaison nécessaire, il n'importe, théoriquement du moins, que les sens soient ou non associés à l'œuvre de la connaissance. Il reste vrai qu'une intelligence parfaite tirerait toute la science d'elle-même, ou du moins de la connaissance d'un seul fait, considéré dans la totalité de ses éléments. Le monde reste un tout parfaitement un, un système dont les parties s'appellent nécessairement les unes les autres.

Or cette catégorie de liaison nécessaire, inhérente à l'entendement, se retrouve-t-elle en effet dans les choses elles-mêmes ? Les causes se confondent-elles avec les lois, comme le suppose, en définitive, la doctrine qui définit la loi un rapport immuable ?

Cette question intéresse à la fois la métaphysique et les sciences positives. Car la doctrine qui place dans l'entendement le point de vue suprême de la connaissance a pour effet de reléguer toute spontanéité particulière dans le monde des illusions : de ne voir dans la finalité qu'une reproduction interne de l'ordre nécessaire des causes efficientes ; de ramener le sentiment du libre arbitre à l'ignorance des causes de nos actions, et de ne laisser subsister qu'une cause véritable, produisant et gouvernant tout par un acte unique et immuable. De plus, cette doctrine ne rend pas un compte suffisant de la nécessité absolue de l'observation et de l'expérimentation dans les sciences positives ; et elle introduit le fatalisme, plus ou moins déguisé, non seulement dans l'étude de tous les phénomènes physiques sans distinction, mais encore dans la psychologie, l'histoire et les sciences sociales.

Pour savoir s'il existe des causes réellement distinctes des lois, il faut chercher jusqu'à quel point les lois qui régissent les phénomènes participent de la nécessité. Si la contingence n'est, en définitive, qu'une illusion due à l'ignorance plus ou moins complète des conditions déterminantes, la cause n'est que l'antécédent énoncé dans la loi ou bien encore la loi elle-même, dans ce qu'elle a de général ; et l'autonomie de l'entendement est légitime. Mais, s'il arrivait que le monde donné manifestât un certain degré de contingence véritablement irréductible, il y aurait lieu de penser que les lois de la nature ne se suffisent pas à elles-mêmes et ont leur raison dans des causes qui les dominent : en sorte que le point de vue de l'entendement ne serait pas le point de vue définitif de la connaissance des choses.

CHAPITRE PREMIER

DE LA NÉCESSITÉ

A quel signe reconnaît-on qu'une chose est nécessaire, quel est le critérium de la nécessité ?

Si l'on essaye de définir le concept d'une nécessité absolue, on est conduit à en éliminer tout rapport subordonnant l'existence d'une chose à celle d'une autre, comme à une condition. Dès lors, la nécessité absolue exclut toute multiplicité synthétique, toute possibilité de choses ou de lois. Il n'y a donc pas lieu de rechercher si elle règne dans le monde donné, lequel est essentiellement une multiplicité de choses dépendant plus ou moins les unes des autres.

Le problème dont il s'agit est, en réalité, celui-ci : à quel signe reconnaît-on la nécessité relative, c'est-à-dire l'existence d'un rapport nécessaire entre deux choses ?

Le type le plus parfait de l'enchaînement nécessaire est le syllogisme, dans lequel une proposition particulière est montrée comme résultant d'une proposition générale, parce qu'elle y est contenue, et qu'ainsi elle était implicitement affirmée au moment où l'on affirmait la proposition générale elle-même. Le syllogisme n'est, en somme, que la démonstration d'un rapport analytique existant entre le genre et l'espèce, le tout et la partie. Ainsi là où il y a rapport analytique, il y a enchaînement nécessaire. Mais cet enchaînement, en soi, est purement formel. Si la proposition générale est contingente, la proposition particulière qui s'en déduit est, comme telle du moins, également et nécessairement contingente. On ne peut parvenir, par le syllogisme, à la démonstration d'une nécessité réelle, que si l'on rattache toutes les conclusions à une majeure nécessaire en soi. Cette opération est-elle compatible avec les conditions de l'analyse ?

Au point de vue analytique, la seule proposition entièrement nécessaire en soi est celle qui a pour formule $A = A$. Toute proposition dans laquelle l'attribut diffère du sujet, comme il arrive alors même que l'un des deux termes résulte de la décomposition de l'autre, laisse subsister un rapport synthétique comme contre-partie du rapport analytique. Le syllogisme peut-il ramener les propositions synthétiquement analytiques à des propositions purement analytiques ?

Une différence se manifeste au premier abord entre les popositions sur lesquelles opère le syllogisme et celle à laquelle il s'agit d'arriver. Dans celle-ci, les termes sont ro liés par le signe $=$; dans les autres, par la copule *est*. Cette différence est-elle radicale ?

La copule *est*, que l'on emploie dans les propositions ordinaires, n'est peut-être pas sans rapport avec le signe $=$. Elle signifie, en se plaçant au point de vue de l'extension des termes (lequel est le point de vue du raisonnement), que le sujet n'exprime qu'une partie de l'attribut, partie dont on n'indique pas la grandeur relative. La proposition « Tous les hommes sont mortels » signifie que l'espèce « homme » est une partie du genre « mortel », et laisse indéterminé le rapport du nombre des hommes au nombre des mortels. Si l'on connaissait ce rapport, on pourrait dire : « Tous les hommes $= \frac{1}{n}$ mortels. » Le progrès de la science, peut-on ajouter, consiste à déterminer plus exactement et plus complètement les espèces contenues dans les genres, en sorte que, dans une science achevée, le signe $=$ aurait partout remplacé la copule *est*. La formule de cette science serait $A = B + C + D + ...$; $B = a + b + c ...$, etc. En remplaçant B, C, D, etc., par leur valeur, on aurait, en définitive : $A = a + b + c + ...$ Or, est-ce là une formule purement analytique ?

Sans doute, le rapport entre A et ses parties est analytique, mais le rapport réciproque entre les parties et le tout est synthétique. Car la multiplicité ne contient pas la raison de l'unité. Et il ne sert de rien d'alléguer qu'en remplaçant $a + b + c + ...$ par leur valeur on obtient $A = A$, parce que la science consiste précisément à considérer A comme un tout décomposable, et à le diviser en ses parties.

Mais, dira-t-on, on peut concevoir autrement la forme analytique idéale vers laquelle tend la science. L'interposition d'un moyen terme M entre deux termes donnés S et P a pour effet de partager en deux l'intervalle qui résulte de leur différence d'extension. On interposera de même des moyens termes entre S et M, entre M et P, et ainsi de suite jusqu'à ce que les vides soient entièrement comblés. Le passage de S à P sera alors insensible. En poursuivant ce travail, on ira rejoindre l'essence suprême A, et tout y sera rattaché par un lien de continuité.

Ce point de vue comporte en effet la réduction de toutes les propositions à la formule A *est* A. Mais, cette fois, la copule *est* ne peut être remplacée par le signe $=$. Car l'interposition d'un nombre quelconque de moyens termes ne peut combler entièrement l'intervalle qui existe entre le particulier et le général. Les transitions, pour devenir moins brusques, n'en restent pas moins discontinues ; et ainsi il y a toujours une différence d'extension entre le sujet et le prédicat.

Il est donc impossible de ramener les rapports particuliers à la formule $A = A$, c'est-à-dire de parvenir, par l'analyse, à la démonstration d'une nécessité radicale. L'analyse, le syllogisme, ne démontrent que la nécessité dérivée, c'est-à-dire l'impossibilité que telle chose soit fausse, *si* telle autre chose est admise comme vraie.

Le vice de l'analyse, en tant qu'elle prétend se suffire à elle-même, c'est de ne comporter, comme explication dernière, qu'une proposition identique, et de ne pouvoir ramener à une telle formule les propositions qu'il s'agit d'expliquer. Elle n'est féconde que si une proposition identique, assemblage d'éléments hétérogènes, lui est fournie comme point de départ ; elle ne démontre la nécessité que si elle développe une synthèse nécessaire. Existe-t-il de telles synthèses ?

L'expérience, qui ne fournit aucune connaissance universelle dans l'espace et dans le temps, et qui fait seulement connaître les rapports extérieurs des choses, peut bien nous révéler des liaisons constantes, mais non des liaisons nécessaires. Il faut donc, avant tout, qu'une synthèse soit connue à priori pour qu'elle soit susceptible d'être nécessaire. Peut-être, il est vrai, resterait-il à savoir si une telle synthèse est nécessaire au point de vue des choses, comme elle l'est pour notre esprit. Mais d'abord il suffit qu'elle le soit pour notre esprit, pour qu'il n'y ait pas lieu d'en discuter la réalité objective, cette discussion ne se pouvant faire que suivant les lois de l'esprit. Si par hasard le cours des choses ne se conformait pas exactement aux principes posés à priori par l'esprit, il en faudrait conclure, non que l'esprit se trompe, mais que la matière trahit sa participation au non-être par un reste de rébellion contre l'ordre.

A quel signe peut-on reconnaître qu'un jugement est à priori ?

Pour qu'un jugement puisse être dit à priori, il faut que ses éléments, termes et rapport, ne puissent être dérivés de l'expérience. Pour que les termes puissent être considérés comme ne dérivant pas de l'expérience, il ne suffit pas qu'ils soient abstraits. L'expérience, en somme, ne nous fournit aucune donnée qui n'ait une face abstraite en même temps qu'une face concrète. Je n'embrasse pas dans une seule intuition la couleur et l'odeur d'un même objet. Les abstractions les plus hardies peuvent n'être que l'extension, opérée par l'entendement, de la subdivision ébauchée par les sens D'ailleurs, l'expérience elle-même nous met sur la voie de cette extension, en nous fournissant, sur les choses, selon l'éloignement, la durée ou l'intensité, des données plus ou moins abstraites. Il faut donc, pour qu'un terme puisse être considéré comme posé à priori, qu'il ne provienne de l'expérience ni directement, par intuition, ni indirectement, par abstraction.

De même, pour qu'un rapport puisse être considéré comme posé à priori, il ne suffit pas qu'il établisse, entre les intuitions, une systématisation quelconque, comme si l'expérience ne fournissait rien qui ressemblât à un système. C'est sortir des conditions de la réalité que de supposer une intuition absolument dépourvue d'unité. Les perceptions les plus immédiates impliquent le groupement de parties similaires et la distinction d'objets dissemblables. Une multiplicité pure et simple est une chose absolument inconcevable, qui, si elle n'offre aucune prise à la pensée, ne peut pas davantage être donnée dans l'expérience. Il y a donc, déjà, dans les objets perçus eux-mêmes, un certain degré de systématisation ; et ainsi, avant d'affirmer qu'un rapport de dépendance établi entre deux termes ne dérive pas de l'expérience, il faut s'assurer si ce rapport est radicalement distinct de ceux qu'il nous est donné de constater. Il faut que ce rapport diffère radicalement de ceux que nous présente l'expérience ou que nous pouvons lire dans ses données.

Le champ de l'expérience peut d'ailleurs être nettement défini : ce sont les faits et leurs rapports observables. Les faits se distinguent en faits externes et en faits internes ou propres à l'être même qui en est le sujet. Par les sens, nous pouvons connaître les premiers ; par la conscience empirique ou sens intime, nous pouvons atteindre les seconds en nous-mêmes. Les rapports observables consistent dans des rapports de ressemblance et de contiguïté simultanée ou successive.

Un jugement synthétique est subjectivement nécessaire, s'il est posé à priori ; mais, pour qu'il soit, au point de vue des choses, un signe de nécessité, il faut, en outre, qu'il affirme un rapport nécessaire entre les termes qu'il rapproche. Une majeure qui énoncerait un rapport contingent transmettrait ce caractère à toutes ses conséquences. Or les rapports objectifs qui peuvent exister entre deux termes se ramènent à quatre : les rapports de cause à effet, de moyen à fin, de substance à attribut, et de tout à partie. Les rapports de substance à attribut et de tout à partie peuvent se ramener à la causalité et à la finalité réciproques. Il ne reste donc, en définitive, que les rapports de causalité et de finalité.

Or on ne peut dire d'aucune fin qu'elle doive nécessairement se réaliser. Car nul événement n'est, à lui seul, tout le possible. Il y a, au contraire, une infinité de possibles autres que l'événement que l'on considère. Les chances de réalisation de cet événement sont donc à l'égard des chances de réalisation d'autre chose comme un est à l'infini ; et ainsi la réalisation d'une fin donnée quelconque, fût-ce l'uniformité de succession des phénomènes, est, en soi, infiniment peu probable, loin d'être bien nécessaire. De plus, lors même qu'une fin est posée comme devant être réalisée, les moyens à employer dans cette vue ne sont pas déterminés du même coup. Toute fin peut être également réalisée par différents moyens, de même que tout but peut être également atteint par différentes routes. Il est vrai que les moyens ne seront pas tous également simples ou bons en eux-mêmes. Mais à ces différences la fin, comme telle, n'est pas intéressée ; et, si l'on en tient compte, c'est que l'on érige le moyen lui-même en fin secondaire. La réalisation de la fin par les moyens suppose un agent capable de connaître, de préférer et d'accomplir. Elle n'est donc pas nécessaire en soi.

Il n'en est pas de même de la production d'un effet par sa cause, si le mot cause est pris dans le sens strict de force productrice. La cause proprement dite n'est telle que si elle engendre un effet. De plus, elle agit uniquement en vertu de sa nature, et n'a aucun égard à la valeur esthétique ou morale du résultat. Il n'y a donc aucune raison pour admettre un degré quelconque de contingence dans le rapport pur et simple de la cause à l'effet. Ce rapport est le type parfait, mais unique, de la nécessité primordiale.

Ainsi c'est seulement aux synthèses causales à priori qu'appartient la nécessité tant objective que subjective : elles seules peuvent engendrer des conséquences analytiques entièrement nécessaires.

En résumé, le critérium de la nécessité d'un rapport est la possibilité de le ramener analytiquement à une synthèse subjectivement et objectivement nécessaire. Le principe de la liaison nécessaire des choses, la pierre magnétique dont la vertu se transmet à tous les anneaux, ne peut être que la synthèse causale à priori.

Si maintenant il arrivait qu'il fût impossible d'établir la légitimité de pareilles synthèses comme principes constitutifs ou régulateurs de la connaissance des choses données, toute nécessité en deviendrait-elle illusoire ?

A coup sûr, il ne pourrait plus être question d'une nécessité radicale, comme régnant dans le monde donné, puisque, lors même que certaines synthèses impliquées dans l'expérience seraient nécessaires en soi, l'esprit, dans le cas dont il s'agit, serait hors d'état de s'en assurer. Toutefois la combinaison de l'expérience et de l'analyse pourrait encore manifester une certaine sorte de nécessité, la seule, à vrai dire, que poursuivent d'ordinaire les sciences positives. On conçoit, en effet, que les synthèses particulières empiriquement données puissent être ramenées à des synthèses plus générales, celles-ci à des synthèses plus générales encore, et ainsi de suite jusqu'à ce qu'on arrive à un nombre plus ou moins restreint de synthèses pratiquement irréductibles. L'idéal serait de tout ramener à une seule synthèse, loi suprême où seraient contenues, comme cas particuliers, toutes les lois de l'univers. Sans doute, ces formules générales, fondées en définitive sur l'expérience, en conserveraient le caractère, qui est de faire connaître ce qui est, non ce qui ne peut pas ne pas être. Rien ne pourrait prouver qu'elles fussent nécessaires en soi. Mais elles établiraient entre tous les faits particuliers, comme tels, une relation nécessaire. Le moindre changement de détail impliquerait le bouleversement de l'univers. On peut donc admettre la possibilité d'une nécessité de fait à côté de la nécessité de droit. Celle-ci existe lorsque la synthèse que développe l'analyse est posée à priori par l'esprit et unit un effet à une cause. Lorsque cette synthèse, sans être connue à priori, est impliquée dans un ensemble de faits connus, et qu'elle est constamment confirmée par l'expérience, elle manifeste, sinon la nécessité du tout, du moins la nécessité de chaque partie, à supposer que les autres soient réalisées.

CHAPITRE II

DE L'ÊTRE

Le monde donné dans l'expérience porte-t-il, dans les diverses phases de son développement, les marques distinctives de la nécessité ?

Au plus bas degré de l'échelle des choses données se trouve l'*être* ou le *fait* pur et simple, encore indéterminé. Peut-on dire qu'il existe nécessairement ?

Puisqu'une nécessité absolue est inintelligible en ce qui concerne les choses données, la nécessité de l'être ne peut consister que dans le lien qui le rattache à ce qui est posé avant lui, c'est-à-dire au possible.

Quelle est la nature de ce lien ? L'existence du possible a-t-elle pour conséquence fatale la réalisation de l'être ?

Et d'abord peut-on déduire l'être du possible, comme la conclusion d'un syllogisme se déduit des prémisses ? Le possible contient-il tout ce qui est requis pour la réalisation de l'être ? L'analyse pure et simple suffit-elle pour expliquer le passage de l'un à l'autre ?

Sans doute, en un sens, il n'y a rien de plus dans l'être que dans le possible, puisque tout ce qui est était possible avant d'être. Le possible est la matière dont l'être est fait. Mais l'être ainsi ramené au possible reste purement idéal, et, pour obtenir l'être réel, il faut admettre un élément nouveau. En eux-mêmes, en effet, tous les possibles prétendent également à l'être, et il n'y a pas de raison, en ce sens, pour qu'un possible se réalise de préférence aux autres. Nul fait n'est possible sans que son contraire le soit également. Si donc le possible reste livré à lui-même, tout flottera éternellement entre l'être et le non-être, rien ne passera de la puissance à l'acte. Ainsi, loin que le possible contienne l'être, c'est l'être qui contient le possible et quelque chose de plus : la réalisation d'un contraire de préférence à l'autre, l'acte proprement dit. L'être est la synthèse de ces deux termes, et cette synthèse est irréductible.

Mais peut-être est-ce une synthèse nécessaire en soi : peut-être l'esprit affirme-t-il a priori que le possible doit passer à l'acte, que quelque chose doit se réaliser.

Il est important de remarquer qu'il s'agit ici, non de l'être en soi, mais de l'être tel que le considèrent les sciences positives, c'est-à-dire des faits donnés dans l'expérience. La synthèse du possible et de l'acte doit donc être prise dans l'acception selon laquelle elle peut s'appliquer aux objets donnés. Ce serait prouver autre chose que ce qui est en question que d'établir l'origine a priori de ce principe, en lui attribuant une signification qui le ferait sortir du domaine de la science.

Ainsi le possible, dans la synthèse dont il s'agit, n'est pas la puissance qui est et demeure avant, pendant et après l'acte ; car la puissance ainsi conçue n'est pas du domaine des sciences positives. C'est simplement une manière d'être susceptible d'être donnée dans l'expérience, et non encore donnée. De même, l'acte n'est pas le changement qui s'opère dans la puissance alors qu'elle crée un objet, la transformation de la puissance en cause génératrice. C'est simplement l'apparition du fait, du multiple et du divers dans le champ de l'expérience.

Toutefois, même en ce sens, les concepts du possible et

de l'acte semblent ne pouvoir être conçus qu'à priori, parce que le possible n'est pas donné dans l'expérience, et que l'acte en général est tout le donné. Il n'est pas d'expérience réelle qui atteigne l'un ou l'autre de ces deux objets.

Mais suffit-il que le possible ne soit pas donné comme tel, pour qu'on ne puisse en considérer la notion comme expérimentale ? En voyant l'infinie variété et l'infini changement des choses, en remarquant la contradiction des données des sens chez les différents individus et même chez un seul, l'esprit est amené à considérer ce qui lui apparaît comme relatif au point de vue où il est placé, comme différent de ce qui lui apparaîtrait s'il se plaçait à un autre point de vue. A mesure que se multiplient les observations, l'idée du possible devient de plus en plus abstraite, et finit par se dépouiller de tout contenu distinctement imaginé.

Quant au concept de l'acte, s'il signifiait effectivement tout le donné, on ne pourrait admettre qu'il dérivât de l'expérience. Mais l'expression « tout le donné », prise à la lettre, est inintelligible, soit que l'on considère les choses données, passées, présentes et à venir comme formant une quantité finie, soit qu'on les considère comme formant une quantité indéfinie. L'acte ou le fait en général est donc simplement un terme d'une extension indéterminée, l'existence abstraite d'un monde susceptible d'être perçu. Ainsi défini, le concept de l'acte peut s'expliquer par l'existence même de l'experience et par le changement perpétuel que nous remarquons dans les choses. A mesure que nous voyons une manière d'être succéder à une autre manière d'être, à mesure se fixe en nous l'idée de l'acte, dont chaque donnée expérimentale distincte nous offre un exemple ; tandis que l'idée des particularités propres à chaque fait s'efface d'elle-même, à cause de la multiplicité et de la diversité infinies des données expérimentales.

Ce ne sont donc pas les termes dont se compose l'être, c'est-à-dire le possible et l'acte, qui doivent être considérés comme posés à priori. Reste le rapport établi entre ces termes. Mais ce rapport, qui serait essentiellement métaphysique s'il s'agissait du passage de la puissance créatrice à l'acte par lequel elle crée, perd ce caractère dès que les deux termes sont ramenés à leur sens scientifique. Ce n'est plus alors que le rapport abstrait de l'expérience actuelle aux expériences passées, à l'égard desquelles l'expérience actuelle était simplement possible. Dès lors, il n'excède pas la portée de l'expérience, élevée par des abstractions successives à son plus haut point de généralité.

Ce n'est pas tout. Les éléments de l'être comportent une indétermination qui empêche de voir dans l'un (le possible) la cause de l'autre (l'actuel). Il ne répugne pas à la raison d'admettre que jamais le possible ne doive passer à l'acte, ou que l'actuel existe de toute éternité. Ainsi, non seulement la connaissance de l'être en tant que réalité peut dériver de l'expérience; mais encore elle ne peut avoir d'autre origine et ne peut être rapportée à un jugement synthétique à priori.

Quant à l'expérience, elle ne peut nous induire à attribuer du moins à ce passage une nécessité de fait, puisque nous voyons une multitude de choses qui ont existé, et qui par conséquent sont en elles-mêmes possibles et susceptibles de passer à l'acte, rester désormais à l'état de possibles purs et simples, sans que, peut-être, rien nous autorise à supposer qu'elles se réaliseront de nouveau.

Faut-il admettre que tous les possibles sont, au fond, éternellement actuels, que le présent est composé du passé et gros de l'avenir; que le futur, loin d'être contingent, existe déjà aux yeux de l'entendement suprême; et que la distinction du possible et de l'être n'est qu'une illusion causée par l'interposition du temps entre notre point de vue et les choses en soi ?

Cette doctrine n'est pas seulement gratuite et indémontrable, elle est en outre inintelligible. Dire que chaque chose est actuellement tout ce qu'elle peut être, c'est dire qu'elle réunit et concilie en elle des contraires qui, selon la connaissance que nous en avons, ne peuvent exister qu'en se remplaçant les uns les autres. Mais comment concevoir ces essences formées d'éléments qui s'excluent ? En outre, comment admettre que toutes les formes participent également de l'éternité, comme si elles avaient toutes la même valeur, le même droit à l'existence ? Enfin, considérées dans le temps, les choses ne se réalisent pas toutes au même degré. Telle devient peu à peu tout ce qu'elle peut être ; telle autre est anéantie au moment où elle commençait à se développer. Cette différence doit préexister dans l'éternelle actualité que l'on prête aux possibles. Ils ne sont donc pas tous actuels au même degré. En d'autres termes, les uns sont relativement actuels, les autres, en comparaison, ne sont que possibles.

L'être actuellement donné n'est donc pas une suite nécessaire du possible : il en est une forme contingente. Mais, si son existence n'est pas nécessaire, en peut-on dire autant de sa nature ? N'est-il pas soumis, dans le développement qui lui est propre, à une loi inviolable ? Ne porte-t-il pas en lui-même cette nécessité dont il est affranchi dans son rapport avec le possible ?

La loi de l'être donné dans l'expérience peut être exprimée par plusieurs formules qui ont, au fond, le même sens : « Rien n'arrive sans cause », ou « Tout ce qui arrive est un effet, et un effet proportionné à sa cause », c'est-à-dire ne contenant rien de plus qu'elle, ou « Rien ne se perd, rien ne se crée », ou bien enfin « La quantité d'être demeure immuable ».

On ne peut considérer cette loi comme donnée avec l'être lui-même ; car l'idée d'uniformité et d'immutabilité est étrangère à l'être donné comme tel, lequel consiste essentiellement dans une multiplicité de phénomènes variés et changeants. La loi de causalité est la synthèse de deux éléments irréductibles entre eux, le changement et l'identité ; il ne suffit pas que l'un des deux termes, le changement, soit admis comme réalisé, pour que l'adjonction de l'autre s'ensuive analytiquement.

Mais peut-être cette loi est-elle nécessaire comme affirmation spontanée de la raison. Peut-être est-elle conçue à priori, et, à ce titre, imposée à l'être.

Où trouver, peut-on dire, dans les données de l'expérience, un objet correspondant au terme « cause », qui signifie « pouvoir créateur », et un rapport correspondant au lien de « génération » que l'esprit établit entre la cause et l'effet ?

Si la question est ainsi posée, le principe de causalité est certainement à priori. Mais ce n'est pas en ce sens qu'il est impliqué dans la connaissance du monde donné. L'idée d'une cause génératrice ne saurait rendre aucun service à celui qui, comme le savant proprement dit, recherche uniquement la nature et l'ordre des phénomènes. En réalité, le mot « cause », lorsqu'on l'emploie en matière scientifique, veut dire « condition immédiate ». La cause d'un phénomène, en ce sens, c'est encore un phénomène, ce ne peut être qu'un phénomène : autrement la recherche des causes ne serait plus du domaine des sciences positives ; seulement, c'est un phénomène qui doit préalablement exister pour qu'un certain autre se réalise.

Mais, dira-t-on, c'est effectivement par erreur que la cause avait été d'abord conçue comme une entité métaphysique contenue dans les phénomènes : elle n'en est que la condition déterminante. Elle ne se rapporte pas à l'être en soi, mais à la connaissance des phénomènes, et elle implique uniquement ce qui est nécessaire pour rendre cette connaissance possible. Il est juste de dire que la causalité n'est qu'un rapport et un lien posé entre les phénomènes, mais il faut ajouter que c'est un lien de nécessité posé à priori.

Ainsi entendu, le principe de causalité est sans doute plus voisin des conditions de la science que lorsqu'il implique l'hypothèse d'une chose en soi. Toutefois il contient encore un élément que la science ne réclame pas : l'idée de nécessité. Il suffit qu'il existe entre les phénomènes des liaisons relativement invariables, pour que la recherche des causes soit légitime et fructueuse. Bien plus : il est contraire à l'essence des phénomènes d'être nécessairement enchaînés entre eux. Leur mode de succession, qui dépend du mode d'action des choses en soi, ne peut avoir qu'un caractère relatif. C'est retomber dans l'erreur qu'on voulait éviter, mais en érigeant cette fois les phénomènes eux-mêmes en choses en soi, que de voir dans la causalité un lien d'absolue nécessité entre les phénomènes.

Le sens précis du principe de causalité, dans son application à l'étude du monde donné, est celui-ci : Tout changement survenant dans les choses est lié invariablement à un autre changement, comme à une condition, et non pas à un changement quelconque, mais à un changement déterminé, tel qu'il n'y ait jamais plus dans le conditionné que dans la condition. Or les éléments de ce principe paraissent tous empruntés à l'expérience. A priori l'homme était disposé à admettre des commencements absolus, des passages du néant à l'être et de l'être au néant, des successions de phénomènes indéterminées. C'est l'expérience qui a dissipé ces préjugés. C'est le progrès de l'observation, de la comparaison, de la réflexion et de l'abstraction, c'est-à-dire de l'expérience interprétée, mais non suppléée, par l'entendement, qui a fait voir qu'un changement n'est jamais quelque chose d'entièrement nouveau ; que tout changement est le corrélatif d'un autre changement survenu dans les conditions au milieu desquelles il se produit, et que le rapport qui unit tel changement à tel autre est invariable.

On ne peut donc dire que le principe de causalité qui régit la science soit une loi dictée par l'esprit aux choses. Dans les termes où l'esprit l'imposerait aux choses, l'être donné, c'est-à-dire les phénomènes, ne saurait le réaliser ; et, d'autre part, la formule qui s'applique aux phénomènes ne contient que des éléments dérivés de l'expérience.

Il n'en reste pas moins que cette formule énonce l'existence d'un rapport invariable entre tel changement et tel autre. Or, si l'invariabilité n'équivaut pas, en soi, à la nécessité interne, d'une part elle ne l'exclut nullement, elle en est même le symbole extérieur ; d'autre part elle établit entre les modes de l'être ce qu'on peut appeler une nécessité de fait. Ne s'ensuit-il pas que le principe de la liaison nécessaire des phénomènes mérite toute confiance au point de vue pratique, et est, même au point de vue théorique, plus vraisemblable que son contraire ?

On ne peut nier que l'idée de ce principe n'ait été le nerf de la connaissance scientifique. La science est née le jour où l'homme a conçu l'existence de causes et d'effets naturels, c'est-à-dire de rapports invariables entre les choses données ; le jour où, au lieu de se demander quelle est la puissance supra-sensible qui produit les phénomènes considérés isolément et pourquoi elle les produit, il s'est demandé quel est le phénomène de la nature d'où dépend celui qu'il s'agit d'expliquer. Chaque progrès de la science est venu confirmer cette conception ; et il est contraire à toute vraisemblance d'imaginer des mondes réels où les phénomènes se produiraient sans cause, c'est-à-dire sans antécédents invariables.

Toutefois, il ne faut pas oublier que c'est l'expérience elle-même qui a introduit dans l'esprit humain et progressivement épuré l'idée scientifique de cause naturelle. Cette idée n'est pas celle d'un principe à priori qui régit les modes de l'être, c'est la forme abstraite du rapport qui existe entre ces modes. Nous ne pouvons pas dire que la nature des choses dérive de la loi de causalité. Cette loi n'est pour nous que l'expression la plus générale des rapports qui dérivent de la nature observable des choses données. Supposons que les choses, pouvant changer, ne changent cependant pas : les rapports seront invariables, sans que la nécessité règne en réalité. Ainsi la science a pour objet une forme purement abstraite et extérieure, qui ne préjuge pas la nature intime de l'être.

Mais n'est-il pas vraisemblable que l'extérieur est la traduction fidèle de l'intérieur? Est-il admissible que les actes d'un être soient contingents, s'il est établi que les manifestations de ces actes sont liées entre elles par des rapports immuables? Si les ombres qui passent dans la caverne de Platon se succèdent de telle sorte qu'après les avoir bien observées, on puisse exactement prévoir l'apparition des ombres à venir, c'est apparemment que les objets qui les projettent se suivent eux-mêmes dans un ordre invariable. Il serait sans doute possible que l'ensemble des manifestations et des actes ne fût pas donné ; mais si, l'une de ces manifestations étant donnée, les autres sont données du même coup, l'hypothèse la plus simple, c'est d'admettre que les actes eux-mêmes sont liés entre eux d'une manière analogue. Ainsi, pour avoir le droit de révoquer en doute la nécessité interne des choses, il faudrait, semble-t-il, pouvoir contester l'absolue régularité du cours des phénomènes et établir l'existence d'un désaccord, si petit qu'il fût, entre le postulat de la science et la loi de la réalité. Peut-être l'expérience ne nous en fournit-elle pas le moyen ; mais peut-on affirmer qu'elle prononce en faveur de la thèse contraire ?

Toute constatation expérimentale se réduit, en définitive, à resserrer la valeur de l'élément mesurable des phénomènes entre des limites aussi rapprochées que possible. Jamais on n'atteint le point précis où le phénomène commence et finit réellement. On ne peut d'ailleurs affirmer qu'il existe de pareils points, sinon peut-être dans des instants indivisibles, hypothèse vraisemblablement contraire à la nature même du temps. Ainsi nous ne voyons en quelque sorte que les contenants des choses, non les choses elles-mêmes. Nous ne savons pas si les choses occupent, dans leurs contenants, une place assignable. A supposer que les phénomènes fussent indéterminés, mais dans une certaine mesure seulement, laquelle pourrait dépasser invinciblement la portée de nos grossiers moyens d'évaluation, les apparences n'en seraient pas moins exactement telles que nous les voyons. On prête donc aux choses une détermination purement hypothétique, sinon inintelligible, quand on prend au pied de la lettre le principe suivant lequel tel phénomène est lié à tel autre phénomène. Le terme « tel phénomène », dans son sens strict, n'exprime pas un concept expérimental, et répugne peut-être aux conditions mêmes de l'expérience.

Ensuite, est-il bien conforme à l'expérience d'admettre une proportionnalité, une égalité, une équivalence absolue entre la cause et l'effet ? Nul ne pense que cette proportionnalité soit constante, si l'on considère les choses au point de vue de l'utilité, de la valeur esthétique et morale, en un mot de la qualité. A ce point de vue, au contraire, on admet communément que de grands effets peuvent résulter de petites causes, et réciproquement. La loi de l'équivalence ne peut donc être considérée comme absolue que s'il s'agit de quantités pures ou de relations entre des quantités d'une seule et même qualité.

Mais où trouver un conséquent qui, au point de vue de la qualité, soit exactement identique à son antécédent ? Serait-ce encore un conséquent, un effet, un changement, s'il ne différait de l'antécédent, ni par la quantité, ni par la qualité ?

Le progrès de l'observation révèle de plus en plus la richesse de propriétés, la variété, l'individualité, la vie, là où les apparences ne montraient que des masses uniformes et indistinctes. Dès lors n'est-il pas vraisemblable que la répétition pure et simple d'une même qualité, cette chose dépourvue de beauté et d'intérêt, n'existe nulle part dans la nature, et que la quantité homogène n'est que la surface idéale des êtres ? C'est ainsi que les astres, vus de loin, n'apparaissent que comme des figures géométriques, tandis qu'en réalité ils sont des mondes composés de mille substances diverses. Quant au changement de quantité intensive, c'est-à-dire à l'augmentation et à la diminution d'une même qualité, il se ramène également, en définitive, à un changement qualitatif, puisque, poussé jusqu'à un certain point, il aboutit à la transformation d'une qualité en son contraire, et que la propriété qui se manifeste pour un changement intensif considérable doit nécessairement préexister dans les changements de détail dont il est la somme.

Reste, il est vrai, l'hypothèse d'une quantité pure de toute qualité ; mais quelle idée peut-on se faire d'un pareil objet ? Une quantité ne peut être qu'une grandeur ou un degré de quelque chose, et ce quelque chose est précisément la qualité, la manière d'être physique ou morale. Tandis que la qualité se conçoit très bien comme substance de la quantité, celle-ci, considérée comme subtance de la qualité, est inintelligible, car elle ne prend un sens que comme limite, comme point d'intersection ; et toute limite suppose une chose limitée.

Si donc, jusque dans les formes les plus élémentaires de l'être, il y a ainsi quelque élément qualitatif, condition indispensable de l'existence elle-même, reconnaître que l'effet peut être disproportionné à l'égard de la cause au point de vue de la qualité, c'est admettre que nulle part, dans le monde concret et réel, le principe de causalité ne s'applique rigoureusement.

Et en effet comment concevoir que la cause ou condition immédiate contienne vraiment tout ce qu'il faut pour expliquer l'effet ? Elle ne contiendra jamais ce en quoi l'effet se distingue d'elle, cette apparition d'un élément nouveau qui est la condition indispensable d'un rapport de causalité. Si l'effet est de tout point identique à la cause, il ne fait qu'un avec elle et n'est pas un effet véritable. S'il s'en distingue, c'est qu'il est jusqu'à un certain point d'une autre nature ; et alors comment établir, non pas une égalité proprement dite, chose inintelligible, mais même une proportionnalité entre l'effet et la cause, comment mesurer l'hétérogénéité qualitative, et constater que, dans des conditions identiques, elle se produit toujours au même degré ?

Enfin, s'il nous est donné de ramener les changements de détail à des rapports généraux permanents, de telle sorte que l'hétérogénéité réciproque des faits particuliers n'en exclue pas la nécessité relative, le progrès des sciences ne nous montre-t-il pas que ces rapports généraux eux-mêmes, résumé des rapports particuliers, ne sont pas exempts de changement ? L'induction la plus vraisemblable n'est-elle pas qu'il est impossible d'atteindre une loi absolument fixe, si simples que soient les rapports considérés, et si larges que soient les bases de l'observation? Et, si l'ensemble varie, ne faut-il pas qu'il y ait dans les détails quelque rudiment de contingence? Est-il étrange d'ailleurs qu'on ne puisse discerner dans l'infiniment petit les causes du changement de l'infiniment grand, lorsque, dans cet infiniment grand lui-même, le changement est presque imperceptible?

La réalité du changement n'est pas moins évidente que la réalité de la permanence; et, si l'on peut concevoir que deux changements opérés en sens inverse engendrent la permanence, il est inintelligible que la permanence absolue suscite le changement. C'est donc le changement qui est le principe; la permanence n'est qu'un résultat: et ainsi les choses doivent admettre le changement jusque dans leurs relations les plus immédiates.

Mais, s'il n'existe pas de point fixe sur lequel on puisse faire reposer les variations des choses, la loi de causalité, qui affirme la conservation absolue de l'être, de la nature des choses, ne s'applique pas exactement aux données de l'expérience. Elle exprime, sans doute, une manière d'être extrêmement générale; mais, en présentant cette manière d'être comme absolument indépendante de son contraire, lequel pourtant n'est pas moins réel et primordial, en posant la détermination et la permanence avant le changement et la vie, elle trahit l'intervention originale de l'entendement, qui, au lieu de se borner à observer la réalité, lui prête une forme adaptée à ses propres tendances. La loi de causalité, sous sa forme abstraite et absolue, peut donc être à bon droit la maxime pratique de la science, dont l'objet est de suivre un à un les fils de la trame infinie; mais elle n'apparaît plus que comme une vérité incomplète et relative, lorsque l'on essaye de se représenter l'entrelacement universel, la pénétration réciproque du changement et de la permanence, qui constitue la vie et l'existence réelle. Le monde, considéré dans l'unité de son existence réelle, présente une indétermination radicale trop faible sans doute pour être apparente, si l'on n'observe les choses que pendant une très petite partie de leurs cours, mais parfois visible, lorsque l'on compare des faits séparés les uns des autres par une longue série d'intermédiaires. Il n'y a pas équivalence, rapport de causalité pure et simple, entre un homme et les éléments qui lui ont donné naissance, entre l'être développé et l'être en voie de formation.

CHAPITRE III

DES GENRES

Toutes les choses données dans l'expérience reposent sur l'*être*, lequel est contingent dans son existence et dans sa loi. Tout est donc radicalement contingent. Néanmoins, la part de la nécessité serait encore très grande, si la contingence inhérente à l'être en tant qu'être était la seule qui existât dans le monde; si, l'être une fois posé, tout en découlait analytiquement, sans addition d'aucun élément nouveau.

Selon les apparences, l'être ne nous est pas seulement donné en tant qu'être, c'est-à-dire comme une série de causes et d'effets. Les modes de l'être présentent, en outre, des ressemblances et des différences qui permettent de les ordonner en groupes appelés *genres* ou *lois;* de former avec les petits groupes des groupes plus considérables, et ainsi de suite. Tout mode contenu dans un groupe inférieur est, à fortiori, contenu dans le groupe supérieur dont fait partie ce groupe inférieur lui-même. Le particulier ou le moins général a, de la sorte, son explication, sa raison, dans le général ou le moins particulier. Par là les modes de l'être peuvent être systématisés, unifiés, pensés.

Cette propriété est-elle inhérente à l'être en tant qu'être, ou bien est-elle, à son égard, quelque chose de nouveau?

Sans doute, l'organisation logique n'accroît pas la quantité de l'être. De même une statue de bronze ne contient pas plus de matière que le métal dont elle est faite. Néanmoins, il y a, dans l'être ordonné logiquement, une qualité qui n'existait pas dans l'être pur et simple, et dont l'être n'a fourni que la condition matérielle : l'explicabilité. Cette qualité tient à l'existence de types, ou unités formelles, sous lesquels se range la multiplicité discrète des individus. Elle a sa source dans l'existence de *notions*. Or la notion est l'unité au sein de la multiplicité, la ressemblance au sein des différences. Grâce aux degrés qu'elle comporte, elle établit une hiérarchie parmi les liaisons causales ; donne aux unes, avec une généralité relative, la prépondérance sur les autres ; et fait, par là, du monde des causes et des effets, un symbole anticipé de l'organisation et de la vie. La notion est à la fois une comme genre, et multiple comme collection d'espèces. Elle n'est donc pas contenue dans l'être proprement dit, dont l'essence, en tant qu'il s'agit de l'être donné, est la diversité, la multiplicité pure et simple. Supérieure à l'être, elle en fait jaillir, parmi tous les modes dont il est susceptible, ceux qui lui fourniront des éléments appropriés, c'est-à-dire des formes semblables dans une certaine mesure, à travers la diversité qui fonde leur distinction ; et elle se réalise elle-même, en devenant le centre du système qu'elle a ainsi organisé. Une par essence, elle ne se confond pas avec les formes multiples dont elle détermine l'apparition, mais elle s'incorpore en elles, devient en elles visible et concrète. C'est parce qu'elle est ainsi intimement unie aux choses, qu'elle semble en faire partie intégrante. Mais elle pourrait disparaître sans que les choses cessassent d'être. Les choses perdraient sans doute cette physionomie harmonieuse qui résulte de la réunion des semblables et de la séparation des contraires, et qui est l'expression de l'idée ; elles ne seraient plus qu'un chaos absolument stérile : elles subsisteraient pourtant, comme subsiste, à l'état de dispersion, la matière dont la vie s'est retirée.

Mais il n'est pas indispensable que la notion dérive analytiquement de l'être, pour que l'existence des genres soit considérée comme nécessaire. Il suffit que l'esprit déclare, en dehors de toute expérience, que l'être doit prendre une forme explicable, c'est-à-dire rationnelle, et se conformer aux lois de la pensée, qui exige, entre les termes qu'elle considère, des rapports de contenance. Il suffit, en un mot, que la synthèse : « être + notion » soit posée à priori comme synthèse causale. Or en est-il ainsi ?

La solution de cette question dépend du sens que l'on attribue au mot « notion ». Si l'on voit dans la notion un type immuable qui existe réellement et distinctement en dehors des choses données, un modèle dont les choses données ne sont que les copies imparfaites, il est impossible d'admettre que la notion soit un terme fourni par l'expérience. De même, le lien de participation qui rattache à la notion ainsi conçue les choses particulières ne peut être affirmé qu'à priori. Mais est-ce bien en ce sens que l'explicabilité des choses est impliquée dans l'étude de la nature ?

Sans doute, il serait utile de savoir qu'il existe des formes ou idées suprasensibles, types des genres donnés, si l'on pouvait connaître ces idées en elles-mêmes. Il y a plus : une fois en possession de ces modèles parfaits, l'esprit dédaignerait, non sans raison, la connaissance des copies défectueuses, et laisserait de côté l'expérience, qui n'a d'autre objet que ces copies elles-mêmes. Mais on ne peut prouver que l'esprit soit capable, sans le secours de l'expérience, de donner un contenu à la notion ou idée, considérée comme type métaphysique des choses sensibles. L'original, ici, n'est connu que par la copie. Le rôle de l'esprit consiste à transfigurer le type abstrait des choses données en lui appliquant la forme de la perfection et de l'éternité. Dans ces conditions, la conception de types métaphysiques est sans usage dans l'étude des phénomènes. La synthèse de 'être et de la notion, ainsi entendue, peut être une connaissance à priori, mais ce n'est pas de cette synthèse qu'il est question.

Dira-t-on que l'élément connu à priori n'est sans doute, à aucun degré, le contenu de la notion, la somme des caractères qu'elle comprend, mais qu'il consiste dans le lien de nécessité établi entre ces caractères, et qu'ainsi le concept de la notion, s'il n'est pas présupposé par les choses elles-mêmes, l'est du moins par la connaissance des choses?

Cette manière de concevoir la notion n'est pas encore exactement celle qui préside aux sciences positives. Elle est susceptible d'inspirer au savant la présomption ou le découragement. Persuadé que les choses se laissent enfermer dans des définitions, le savant érige en vérité définitive, en principes absolus, les formules auxquelles ont abouti ces recherches. C'est l'origine des systèmes, troncs superbes et rigides, d'où la sève se retire peu à peu, et qui sont voués à la mort. Et si, plus circonspect, le savant attend, pour ériger ses formules en principes, qu'elles soient adéquates à la réalité, il voit fuir devant lui l'objet de ses recherches à mesure qu'il s'en approche : la perfection même des méthodes et des instruments d'investigation ne fait que le convaincre de plus en plus du caractère purement approximatif des résultats qu'il obtient. C'est l'origine de ce scepticisme scientifique, qui ne veut plus voir dans la nature que des individus et des faits, parce qu'il est impossible d'y trouver des classes et des lois absolues. La science a pour objet l'étude des phénomènes; elle se trahit elle-même, si elle commence par se faire des phénomènes une idée qui les transforme en choses en soi.

Dans son application à l'étude de la nature, la notion, loin d'être une entité distincte, n'est que l'ensemble des caractères communs à un certain nombre d'êtres. Elle n'est pas immuable, mais relativement identique dans un ensemble de choses données. Elle n'est pas parfaite, ce qui serait un caractère positif, mais relativement dépouillée d'éléments accidentels, ce qui est un caractère négatif. De même, le lien de la notion et de l'être n'est pas une participation mystérieuse, une traduction de pensées pures en images accessibles aux sens, une analogie symbolique entre le phénomène et le noumène. Ce n'est pas même une corrélation immuable entre des éléments d'ailleurs sensibles, une systématisation nécessaire de phénomènes. C'est simplement le rapport de la partie au tout, du contenu au contenant. De la sorte, la synthèse de l'être et de la notion, dans son acception scientifique, peut être connue par l'expérience et l'abstraction. Car l'expérience nous révèle les ressemblances des choses et leurs différences. L'abstraction élimine peu à peu les caractères variables et accidentels, pour ne retenir que les caractères constants et essentiels. L'idée d'une classe, c'est-à-dire d'un tout, étant ainsi formée, l'expérience nous apprend que tel ou tel être présente les caractères qui sont les signes distinctifs de cette classe. Nous rapprochons donc cet être de ses semblables ; nous le faisons rentrer dans le tout relatif que ceux-ci constituent.

Ainsi l'union de l'être et de la notion, l'existence des genres, n'est pas seulement une synthèse, c'est encore une synthèse a posteriori. Elle n'est donc pas nécessaire en droit. Mais il semble impossible de contester qu'elle le soit en fait. Car les progrès de la science ont de plus en plus montré que tout a sa raison comme sa cause; que toute forme particulière rentre dans une forme générale ; que tout ce qui est fait partie d'un système. L'impossibilité de rattacher logiquement un détail à l'ensemble n'atteste pas le désordre des choses, mais notre ignorance.

On peut toutefois remarquer que le groupement des choses sous les notions reste toujours plus ou moins approximatif et artificiel. D'une part, la compréhension réelle des notions ne peut jamais être exactement définie. D'autre part, il se rencontre toujours des êtres qui ne rentrent pas exactement dans les cadres établis. Il n'y a pas jusqu'aux notions ou catégories les plus générales, les plus fondamentales, dont la table n'ait pu être définitivement dressée, comme si l'être était impatient d'une immobilité absolue, même dans ses couches les plus profondes. Certes les progrès de la science définiront d'une manière de plus en plus précise la compréhension et l'extension des genres. Mais qui oserait affirmer que cette définition puisse jamais être complète et définitive ? qu'il existe dans la nature un nombre déterminé de genres radicalement séparés les uns des autres par la présence ou l'absence de caractères précis ? et que tous les êtres sans exception se rangent exactement sous ces types généraux ? Il est impossible d'affirmer qu'à côté de l'être discipliné par la notion, il ne reste pas une certaine quantité d'être plus ou moins rebelle à son action ordonnatrice ; ou bien encore que l'être soit toujours intelligible au même degré, que la distribution des êtres en genres ne soit pas tantôt moins, tantôt plus profonde, précise et harmonieuse.

C'est donc d'une manière contingente que se superposent à l'être la notion et toutes les déterminations qu'elle comporte. Considérés, du dehors, au point de vue de l'être, les modes de la notion ne se produisent pas d'une manière fatale. Mais le développement de la notion elle-même, c'est-à-dire la décomposition du général en particulier, n'obéit-il pas à une loi nécessaire, et ainsi la contingence externe ne se ramène-t-elle pas à une nécessité interne?

La loi de la notion est le principe d'identité, suivant lequel la notion reste identique avec elle-même, se conserve telle qu'elle est, ne reçoit ni augmentation ni diminution à travers toutes les fonctions logiques qu'elle est appelée à remplir. C'est, peut-on dire, la permanence de la notion elle-même. En vertu de cette loi, ce qui est contenu dans une notion partielle est, a fortiori, nécessairement contenu dans la notion totale.

Cette formule ne résulte pas analytiquement du concept même de la notion. Car on conçoit qu'un tout puisse acquérir ou perdre des parties, sans pour cela cesser d'être un tout. Un type peut changer, sans pour cela cesser d'être un type.

La loi de la notion est donc une proposition synthétique. Est-elle affirmée a priori?

On peut interpréter de plusieurs manières les termes de cette loi.

Suivant l'une de ces interprétations, il existe dans la nature un nombre déterminé de types généraux réels, qui remplissent, à l'égard des individus, le rôle de la substance à l'égard des accidents. L'identité de la notion à travers ses fonctions diverses tient donc, en réalité, à ce que c'est un seul et même être qui supporte les individus d'une même espèce, lesquelles n'ont de l'existence distincte que la vaine apparence.

Suivant une autre interprétation, le principe d'identité ne concerne pas les choses en soi, mais seulement la connaissance des choses. Il n'est qu'une condition a priori de l'expérience. Sa signification véritable est déterminée par les besoins de la pensée. En ce sens, quoi qu'il en soit des types transcendants, ce sont toujours exactement les mêmes notions immanentes qui figurent dans les diverses phases de l'explication des choses; et, par suite, la notion totale contient exactement tout le contenu des notions partielles. En outre, la permanence de toutes les notions particulières a sa raison dans la permanence d'une notion suprême où sont contenues toutes les autres; les genres d'un ordre inférieur rentrent tous exactement dans un nombre plus petit de genres supérieurs, et ainsi de suite, jusqu'à ce que tout se ramène à l'unité. Enfin, et par là même, le lien qui unit le particulier au général, le conditionnel à la condition, la chose expliquée à la raison explicative, est absolument nécessaire.

Il est clair que, dans l'une ou l'autre de ces acceptions, le principe d'identité est posé a priori, puisque la nature ne nous présente pas deux choses exactement identiques, et qu'à chaque pas nous nous trouvons en présence de caractères irréductibles. Mais ce ne sont pas ces maximes absolues qui sont requises par la science. Employées comme cadres du raisonnement, elles n'engendreraient que des sophismes, parce que les termes concrets fournis par l'expérience ne satisferaient jamais aux conditions d'identité et de contenance exactes qu'elles requièrent. Elles imposeraient aux recherches scientifiques, en ce qui concerne la nature des genres et leurs rapports entre eux, un point de vue qui pourrait n'être pas légitime, et qui risquerait de fausser l'observation. Comment, en effet, découvrir dans le monde des éléments contingents, à supposer qu'il en existe, si d'avance on affirme que tous les rapports des choses doivent se ramener strictement au rapport de la substance à l'accident ou du tout à la partie, si l'on pose le problème scientifique dans des termes qui, a priori, excluent la contingence et en font une nécessité déguisée? Toute question posée au monde donné est sans doute légitime, mais à condition que l'on n'érige pas d'abord en vérité indiscutable le postulat qu'elle renferme. On doit, au contraire, être prêt à mettre en question ce postulat lui-même, et à reprendre les choses de plus haut, dans le cas où l'expérience contredirait les prévisions qu'on a formées.

Dans son application aux sciences positives, le principe d'identité ne suppose pas l'existence d'archétypes substantiels. Comment pourrait-on relier logiquement les phénomènes à ces essences hétérogènes ?

Il ne suppose pas non plus, d'une manière absolue, l'identité de l'élément générique dans les espèces, la réduction de toutes les notions à une seule, la liaison nécessaire du particulier au général.

Sans doute, dans un syllogisme, c'est le même terme générique qui est appliqué à l'espèce et à l'individu contenu dans cette espèce. Mais l'identité n'est que dans les mots. Car il est impossible de trouver un caractère qui soit exactement le même dans deux individus; et il est vraisemblable, d'après la loi même de l'analogie d'où résulte l'existence des espèces, que, si deux individus étaient identiques sur un point, ils le seraient entièrement. La nature ne nous offre jamais que des ressemblances, non des identités; et le syllogisme ne peut que conclure, de ressemblances observées à des ressemblances non observées. Il ne saurait prétendre à une rigueur incompatible avec les données expérimentales qui, seules, peuvent lui fournir une matière.

De même, la science positive n'exige nullement la possibilité de réduire toutes les notions à l'unité. Elle exige simplement une hiérarchie relative de notions de plus en plus générales. Qu'il y ait, au fond, un ou plusieurs systèmes de notions; que ces systèmes aient ou non, en dernière analyse, une base unique; que toutes les espèces se distribuent exactement dans les genres ou qu'il y ait des espèces intermédiaires : le raisonnement concret n'en sera pas moins possible.

Enfin, dans la forme du syllogisme comme dans sa matière, le caractère absolu n'est qu'apparent. On ne peut prétendre établir des rapports exacts de contenance entre des touts et des parties qui, en eux-mêmes, ne sont pas exactement circonscrits. Lorsqu'on dit que Paul, faisant partie de l'espèce « homme », fait a fortiori partie du genre « mortel », lequel contient l'espèce « homme », cela veut dire simplement que, si Paul ressemble, par un grand nombre de côtés, à d'autres êtres déjà comparés entre eux et réunis sous la notion « homme », il est extrêmement probable, pratiquement certain, qu'il leur ressemblera aussi en ce qui concerne la mortalité. Or, pour qu'une telle déduction soit possible, il suffit d'admettre qu'il y a dans la nature des faisceaux de ressemblances tels que, certains groupes de ressemblance étant donnés, il est très probable que certains autres le seront également : c'est proprement la loi de l'analogie.

S'il en est ainsi, le principe d'identité, dans son usage scientifique, ne présente aucun caractère incompatible avec une origine a posteriori. L'expérience est en mesure de nous fournir des notions de genres de mieux en mieux définies, des ressemblances de plus en plus générales, des liaisons de ressemblances de plus en plus constantes.

Issu de l'expérience, le principe d'identité ne peut être considéré comme nécessaire en droit, comme imposé à la création ou à la connaissance des choses.

Mais n'est-il pas imposé à l'esprit par la forme même de la science, par l'idéal qu'elle poursuit et dont, en fait, elle se rapproche constamment ? N'est-il pas le principe de la logique, dont toutes les sciences acceptent la juridiction ? Et ainsi n'est-il pas pratiquement reconnu comme nécessaire ?

Il importe de remarquer que la logique, malgré son rôle indispensable dans la connaissance, n'est qu'une science abstraite. Elle ne détermine pas le degré d'intelligibilité que présentent les choses réelles. Elle considère la notion en général sous la forme la plus précise que puisse lui donner l'expérience modifiée par l'abstraction, et elle en déduit les propriétés suivant une méthode appropriée à l'entendement, c'est-à-dire sous l'idée de la permanence de cette notion elle-même. Elle développe le système des lois qui s'appliquent à des notions quelconques mises en rapport les unes avec les autres, à supposer que ces notions demeurent identiques. Elle forme des cadres dans lesquels l'expérience est appelée à mettre un contenu, au risque même de les élargir et de les briser. Si elle présente une haute certitude pratique, c'est qu'elle développe un concept extrêmement simple, qui est comme le type moyen d'une infinité d'expériences, et qu'ainsi ses définitions de mots sont presque des définitions de choses. C'est ainsi qu'en statistique la probabilité est de plus en plus voisine de la certitude, à mesure que la base de l'observation est plus étendue ; car alors les particularités s'annulent de plus en plus les unes les autres, pour laisser le fait général se dégager dans toute sa pureté. Mais la logique trahirait la science au lieu de la servir, si, après avoir, pour la commodité de l'esprit humain, achevé artificiellement la cristallisation ébauchée par l'expérience et donné à la forme générique une rigidité de contours que ne lui imposait pas la nature, elle prétendait ensuite ériger cette abstraction en vérité absolue et en principe créateur de la réalité qui lui a donné naissance. Les lois sont le lit où passe le torrent des faits : ils l'ont creusé, bien qu'ils le suivent. Ainsi le caractère impératif des formules de la logique, bien qu'il soit pratiquement justifié, n'est qu'une apparence. En réalité, les rapports logiques objectifs ne précèdent pas les choses : ils en dérivent; et ils pourraient varier, si les choses elles-mêmes venaient à varier, en ce qui concerne leurs ressemblances et leurs différences fondamentales.

Mais peut-on dire qu'il se produise de telles variations ? La tentative d'expliquer les phénomènes ne nous met-elle pas tôt ou tard en présence de ce qu'on appelle la nature des choses, c'est-à-dire de propriétés et de rapports immuables? Si le torrent se creuse lui-même son lit, est-ce de lui-même que, d'abord, il coule dans tel ou tel sens ? Sous les lois qui résultent du changement, n'y a-t-il pas celles qui le déterminent ? Celles-ci sont-elles encore variables ? Et le dernier mot n'est-il pas : « Tout change, excepté la loi du changement ? »

Il est, à coup sûr, légitime que l'esprit humain s'attache fortement à cette idée de la nature des choses, à laquelle il doit sa victoire sur le destin et les puissances capricieuses, son entrée et ses progrès dans la carrière de la science. Mais cette idée ne doit pas régner à son tour d'une manière exclusive, et ramener, sous une autre forme, la croyance à la fatalité. Si un premier regard jeté de ce point de vue sur l'univers a pu faire croire que les choses avaient en effet des propriétés immuables, une nature éternelle, où se trouvait la raison dernière de toutes leurs vicissitudes : un examen plus approfondi montre que ce qu'on avait pris pour le fond immuable des choses n'était encore qu'une couche mobile et superficielle; et, à mesure que l'homme pénètre plus avant dans la réalité, à mesure recule devant lui ce fondement inébranlable qui devait tout supporter. Fort de l'idée des genres et des lois, l'esprit humain espérait remplacer les classifications artificielles par des classifications naturelles. Mais avec les progrès de l'observation, telle classification, que l'on croyait naturelle, apparaît à son tour comme artificielle ; et l'on se demande s'il ne conviendrait pas de substituer à toute systématisation rationnelle le dessin pur et simple d'un arbre généalogique. Or, s'il est impossible de trouver dans la nature un rapport parfaitement constant ; si les propriétés et les lois les plus essentielles apparaissent comme indéterminées dans une certaine mesure : n'est-il pas vraisemblable que le principe même de la distribution des phénomènes en genres et espèces (lequel, dans son usage scientifique, n'est, en définitive, que la forme la plus générale et la plus abstraite des lois de la nature, après le principe de la liaison causale) participe, lui aussi, de l'indétermination et de la contingence ?

Ainsi le raisonnement a posteriori aussi bien que la spéculation à priori laisse place à l'idée d'une contingence radicale dans la production des ressemblances et des différences d'où résultent les genres et les espèces de la nature, c'est-à-dire dans l'existence et la loi de la notion. Rien ne prouve qu'il existe des genres dont la compréhension et l'extension soient exactement déterminées et immuables. Il peut arriver que la notion, dans les choses qui l'expriment, se définisse de mieux en mieux ; que les sujets se rangent de plus en plus exactement sous des prédicats déterminés, en abandonnant les caractères qui participaient des notions collatérales. Issue de l'être, comme d'une matière par voie de création, la forme logique peut, à son tour, régir sur l'être et le pénétrer plus profondément. Par contre, on peut concevoir que l'être, rangé par la notion sous des lois étrangères, fasse effort pour retourner à son état primordial de dispersion et de chaos; et que, par suite, la part de l'ordre logique, de la distribution des choses en espèces et en genres, diminue dans la nature.

Ces changements, il est vrai, resteraient à l'état de possibilités idéales ou d'apparences illusoires, si le principe de causalité était admis dans toute sa rigueur. Car alors la nature de l'antécédent déciderait entièrement et nécessairement de la nature du conséquent, et il n'y aurait aucune place pour une harmonie dont le germe ne préexisterait pas dans les conditions données. Or la cause, comme telle, est indifférente à l'harmonie ou au désordre : les causes, laissées à elles-mêmes, ne s'emploient qu'à s'entre-combattre, et donnent des résultats identiques à ceux du hasard. Ainsi le désordre serait éternel, irrémédiable, si les forces dont se compose le monde, produisant inévitablement leurs effets, n'admettaient, dans toute la série de leurs actions, aucune intervention supérieure. Mais, si la cause est susceptible, dans une certaine mesure, de recevoir une direction, la vertu de la notion ne demeure pas inutile. Elle détermine, dans le monde des forces, une convergence féconde. Elle les amène à produire des choses, au lieu de s'agiter éternellement dans le vide sans réussir à le peupler.

CHAPITRE IV

DE LA MATIÈRE

C'est d'une manière contingente que l'être reçoit la forme logique ; et la forme elle-même, dans son développement propre, laisse quelque place à la contingence. Sont-ce là les seuls principes qu'on ait le droit d'arracher à la nécessité ? L'être et la notion une fois posés, ne reste-t-il, pour expliquer toutes choses, qu'à en déduire les conséquences inévitables ?

L'ordre logique ne nous est pas seulement donné sous sa forme élémentaire ; il nous apparaît dans des choses qui peuvent se compter et se mesurer, dans des essences étendues et mobiles, dans ce qu'on appelle la *matière*. Cette nouvelle forme de l'être dérive-t-elle analytiquement de la précédente ?

Il peut sembler, au premier abord, que la forme matérielle ne soit qu'un accident, à l'égard duquel les déterminations logiques jouent le rôle de substance : l'étendue, la durée, le mouvement, ne sont-ils pas des notions, des idées générales sous lesquelles on range certaines choses données ? Mais il y a là une confusion : si les propriétés mathématiques sont des notions, il ne s'ensuit pas que ce ne soient que des notions. Autre chose est de dire qu'une essence est pensée, autre chose de dire qu'elle est une pensée.

Les éléments de la matière peuvent se ramener à l'étendue

et au mouvement. Car le mouvement implique la durée et engendre la diversité d'où résulte le nombre. Or, pour pouvoir ramener l'étendue et le mouvement à des essences purement logiques, il faut ne voir dans la première qu'une coexistence de notions, dans le second qu'une succession d'états consistant eux-mêmes, au fond, dans les notions différentes. Cette conception purement logique de l'étendue et du mouvement est-elle justifiée ?

Le propre d'une notion, ce qui constitue son essence et sa perfection, c'est d'être exactement circonscrite et, par suite, d'être séparée, par un intervalle, des notions spécifiques du même ordre qu'elle, et de rentrer entièrement dans les notions relativement génériques. L'élément générique est identique dans deux notions du même genre, et la différence spécifique consiste dans la présence ou l'absence d'un même caractère. Par suite, les notions ne peuvent être qu'extérieures ou intérieures les unes par rapport aux autres. Deux contenus du même ordre sont extérieurs entre eux ; et ils sont intérieurs par rapport à leur contenant commun. Ainsi le monde des notions est essentiellement discontinu.

Or, appliquée à l'étendue et au mouvement, la catégorie de discontinuité fait de la première une infinité de points infiniment petits, et du second une série de positions correspondant à une infinité d'instants infiniment courts. Mais des points infiniment petits ou bien se touchent, et alors ne font qu'un, ou se distinguent les uns des autres, et alors sont séparés entre eux par des intervalles, qui, si petits qu'on les suppose, ne pourront jamais être entièrement remplis par d'autres points de même nature. De même, des instants infiniment courts, ou bien se confondent, ou laissent entre eux des lacunes impossibles à combler. Il suit de là que, dans l'hypothèse en question, un espace d'une grandeur même finie A......B ne peut être parcouru par un mobile M. Car entre

A et B il y a un nombre de points indéfini. De même, un mobile qui est supposé se mouvoir de A en B est en réalité immobile. Car en chaque instant indivisible il est en un point indivisible ; et la loi des notions veut qu'il n'y ait pas dans le tout, c'est-à-dire dans la durée totale, autre chose que dans les parties.

En somme, dans ce système, l'étendue et le mouvement ne sont que des rapports. Les choses se définissent entièrement et se distinguent uniquement par des propriétés internes qui préexistent à ces apparences sensibles. Cette doctrine n'est pas satisfaisante, car elle a pour conséquence l'identification et la confusion de certaines choses qui sont en réalité distinctes. Telles sont les figures symétriques non superposables. La distinction de ces figures n'est pas purement abstraite : elle a son application dans les sciences expérimentales, et explique, notamment, les différences de propriétés chimiques que présentent certains cristaux.

L'étendue n'est pas une multiplicité coordonnée par une unité : c'est une multiplicité et une unité fondues ensemble et en quelque sorte identifiées. Ce ne sont pas des parties extérieures les unes aux autres en tant que parties de même ordre, et intérieures en tant que contenues dans des parties d'un ordre supérieur : ce sont des parties similaires, dépourvues d'ordre hiérarchique, à la fois intérieures et extérieures entre elles. En un mot, c'est une chose continue. De même, le temps est une durée continue, le mouvement un passage continu d'un lieu à un autre. Cette idée de continuité, restituée au concept de l'étendue, du temps et du mouvement, écarte les sophismes auxquels on est induit quand on attribue à ces concepts un sens purement logique.

Ainsi les propriétés mathématiques ne sont pas une synthèse analytique des propriétés logiques, une combinaison dont les propriétés logiques contiennent à la fois les éléments, la loi et la raison d'être. Elles renferment un élément nouveau, hétérogène, irréductible : la continuité.

Toutefois, il ne s'ensuit pas immédiatement que l'existence des propriétés mathématiques soit contingente. Ne peut-on, en effet, les considérer comme conçues à priori et imposées, de ce chef, à la nature des choses ? La connaissance de la continuité dans la coexistence et la succession, c'est-à-dire la connaissance de l'espace et du temps, ne présente-t-elle pas les caractères d'une intuition rationnelle? Quant au mouvement, l'idée que nous en avons ne peut-elle être due à une élaboration de l'espace et du temps opérée par l'esprit lui-même ?

Cette doctrine est sans doute légitime s'il s'agit de l'espace et du temps considérés comme des choses en soi, unes et infinies, capables de subsister lors même que les phénomènes seraient anéantis, et s'il s'agit du mouvement considéré dans son commencement absolu, comme acte d'une spontanéité primordiale. Car l'expérience et l'abstraction ne peuvent rien nous fournir de tel. Mais ce n'est pas en ce sens que les sciences qui ont pour objet le monde donné considèrent l'espace, le temps et le mouvement. L'espace n'est pour elle qu'une étendue qui se prolonge indéfiniment, sans autre limite que des étendues nouvelles; le temps n'est qu'une durée indéfinie ; le mouvement n'est que le changement de position d'une chose par rapport à une autre.

S'il en est ainsi, l'expérience suffit à rendre compte des concepts scientifiques de l'espace, du temps et du mouvement. Elle nous présente, en effet, une série d'objets étendus et mobiles, dont nous ne voyons jamais la fin, quelque portée que nous sachions donner à nos regards.

Dira-t-on que dans l'étendue, la durée et le mouvement il y a déjà de l'unité, et qu'un concept qui implique de l'unité, à quelque degré que ce soit, ne peut dériver de l'expérience ? Mais alors il faut nier l'existence même de la connaissance à posteriori. Car des choses données forment nécessairement un tout distinct, par rapport à ce qui n'est pas donné. D'ailleurs, si, pour circonscrire exactement la part de l'expérience, on retranche des concepts empiriques de l'étendue, de la durée et du mouvement le lien des parties entre elles, comme ajouté par l'esprit, que reste-t-il ? Un je ne sais quoi qui n'offre aucune prise, non seulement à l'esprit, mais même aux sens et à l'imagination. En retranchant du domaine propre de l'expérience tout ce qui, à un degré quelconque, implique de l'unité, on aboutit à faire des éléments donnés une inconnue éternellement inimaginable, indéfinissable, inconcevable : ce qui revient à en nier l'existence. Tout alors vient de l'esprit; l'expérience n'est plus un mode de connaissance distinct, c'est une systématisation moins rigoureuse que celle de la pensée ; l'esprit n'a d'autres lois à connaître que les siennes propres. Mais le dualisme, dont on croyait avoir triomphé, reparaît bientôt, au sein de l'esprit lui-même, dans la distinction nécessaire des intuitions à priori de la sensibilité et des notions à priori de l'entendement : et il s'agit maintenant de savoir si les premières, qui enveloppent les propriétés mathématiques, doivent se ramener aux secondes, ou si elles ont leur origine dans la sensibilité elle-même, comme dans une faculté hétérogène. Les termes du problème ont changé : le problème, au fond, est resté le même.

Ce serait encore restreindre outre mesure la portée de l'expérience que de lui enlever les formes d'espace et de temps, parce qu'elles nous apparaissent comme indéfinies. Certes l'expérience immédiate ne nous fournit rien de semblable. Mais une série d'expériences peut très bien nous donner l'idée d'une succession sans fin, à moins que l'on n'élimine de l'expérience toute activité intellectuelle, toute participation de l'entendement : ce qui en ferait une opération inconcevable, non plus seulement dans son objet, mais même dans sa nature. Il suffit, pour qu'une connaissance soit expérimentale, qu'elle ait un objet dont la matière et la forme soient contenues dans les données des sens ou de la conscience empirique. Le travail par lequel l'entendement extrait des données des sens les éléments plus ou moins cachés qu'elles renferment ne transforme pas ces données en élément a priori.

Ainsi les concepts d'étendue, de durée et de mouvement, tels qu'ils sont présupposés par la connaissance du monde donné, ne requièrent pas une origine métaphysique.

Mais, peut-on objecter, il ne s'agit pas seulement de ces concepts dans leur acception indéterminée, il s'agit aussi de leurs déterminations ; et celles-ci du moins ne peuvent être connues qu'à priori, et par conséquent sont nécessaires. N'est-ce pas à priori que l'esprit construit le triangle, le cercle, la sphère, le mouvement uniforme, les forces parallèles et, en général, les définitions mathématiques et mécaniques ? Ces définitions exactes, complètes, adéquates peuvent-elles dériver de l'existence ? Si l'esprit n'en a pas créé la matière, il en a créé la forme, car elles sont des modèles que la nature ne peut égaler. Il n'y a pas de droite réelle, de cercle réel, d'équilibre réel.

Certes, il est impossible d'expliquer par l'expérience l'exactitude des déterminations mathématiques, si l'on considère cette exactitude comme un caractère positif et absolu, attestant une perfection supérieure. Mais il semble que ce soit plutôt un caractère négatif, résultant de l'élimination de propriétés relativement accidentelles. Une droite n'est autre chose que le trajectoire d'un mobile qui va d'un point vers un autre, et vers cet autre seulement ; l'équilibre n'est que l'état où se trouve un corps, lorsque la résultante des forces qui le sollicitent est nulle. Or l'expérience nous invite elle-même à éliminer les accidents qui troublent la pureté des déterminations mathématiques. Un tronc d'arbre qui, vu de près, est tortueux, paraît de plus en plus droit à mesure qu'on le voit de plus loin. Quel besoin avons-nous de notions à priori, pour achever ce travail de simplification, et éliminer par la pensée tous les accidents, toutes les irrégularités, c'est-à-dire, d'une manière abstraite et vague, celles que nous voyons et celles que nous ne voyons pas ? Par là, sans doute, nous n'acquérons pas l'idée de choses supérieures à la réalité. C'est, au contraire, la réalité appauvrie, décharnée, réduite à l'état de squelette. Mais est-il donc si évident que les figures géométriques soient supérieures à la réalité ; et le monde en serait-il plus beau, s'il ne se composait que de cercles et de polygones parfaitement réguliers ?

Ainsi la forme et la matière des éléments mathématiques sont contenus dans les données de l'expérience. La continuité mesurable dans la coexistence, la succession et le déplacement, est l'objet d'une connaissance à posteriori.

Reste, il est vrai, le lien qui unit ce terme aux formes inférieures de l'être, le rapport de la forme mathématique proprement dite à la forme logique. Mais l'esprit affirme-t-il à priori que tout fait explicable se produise dans l'espace et dans le temps, et implique l'existence d'un mouvement ? Il est permis d'en douter ; car nous avons l'idée des faits psychologiques, comme n'étant pas dans l'espace et comme n'enveloppant aucun changement de lieu. Cette doctrine préjuge d'une manière téméraire une question qui doit rester ouverte à la recherche scientifique. Il n'est, en effet, nullement inconcevable que l'étendue mobile ne soit pas la forme nécessaire de tout ce qui est donné.

Il semble donc impossible d'établir à priori, analytiquement ou synthétiquement, que la figure et le mouvement sont des propriétés essentielles et nécessaires de l'être. Mais ne peut-on pas dire que les sciences positives elles-mêmes en rendent témoignage par les démonstrations et les découvertes qu'elles doivent à cette doctrine ? N'est-ce pas en cherchant dans toutes choses un élément mathématiquement mesurable, en supposant qu'il y a partout de la figure et du mouvement, que l'on a renouvelé la physique et créé notamment la théorie mécanique de la chaleur et de la lumière ? Le progrès des sciences ne se mesure-t-il pas à la part qu'y obtiennent les notions mathématiques ?

On doit sans doute attribuer une haute probabilité à une idée aussi féconde ; mais on ne peut, d'autre part, en oublier l'origine. C'est l'expérience qui nous a fait connaître la figure et le mouvement. C'est elle aussi qui nous a fait découvrir ces manières d'être dans un grand nombre de cas où nous n'en soupçonnions pas l'existence. Or l'expérience ne peut nous prouver que ces propriétés soient inhérentes à tout ce qui est. Plus frappés, comme il arrive, des faits imprévus que des faits ordinaires, nous sommes disposés à admettre partout le substratum mécanique que nous avons découvert sous des choses qui n'en paraissaient pas susceptibles, comme la chaleur ou la lumière. Cependant il existe encore un nombre considérable de formes que nous ne pouvons ramener au mouvement, et qui même ne semblent pas pouvoir résider dans un sujet mobile. Telles sont les facultés intellectuelles. L'inhérence de l'étendue mobile à l'être, à titre de propriété essentielle et universelle, demeure une hypothèse, en dépit du rôle que cette idée peut remplir dans la science.

Fût-il établi, d'ailleurs, que la figure et le mouvement se rencontrent dans tout ce qui est, on ne pourrait encore ériger ces manières d'être en essences nécessaires, éternelles et absolues ; car l'entendement est jeté dans les difficultés insolubles, quand il essaie de développer une telle doctrine.

Tantôt, supposant que l'étendue et le mouvement ont des limites, forment un tout circonscrit, l'entendement ne conçoit pas comment ces limites peuvent exister sans une étendue limitrophe ou un mouvement antagoniste. Car il ne voit pas de raison pour admettre, relativement à l'étendue ou au mouvement éloignés, d'autres lois que celles qui régissent l'étendue prochaine ou le mouvement actuel. Sa fonction étant d'affirmer de l'espèce ce qu'il connaît du genre, il juge qu'un mouvement ne peut se produire qu'après un mouvement, et qu'une étendue ne peut être limitée que par une étendue. D'ailleurs, lors même que, pour éviter le progrès à l'infini, il admettrait un terme dans la régression ou la progression, il ne saurait où le placer, parce que tous les points d'un temps et d'un espace vide sont identiques à ses yeux.

Tantôt, au contraire, supposant que l'étendue et le mouvement sont sans limites, l'entendement en conclut qu'ils ne sont jamais complets, achevés, qu'ils se font et se défont sans cesse, qu'ils sont et ne sont pas. Mais alors il ne peut considérer comme absolue cette chose insaisissable, qui est toujours en voie de réalisation, jamais réalisée, qui n'est ni dans le passé, ni dans l'avenir, mais seulement dans l'instant actuel, point infiniment petit entre deux abîmes de néant.

Ainsi l'étendue et le mouvement sont pour l'être des formes contingentes. Par suite, tous les modes de l'étendue et du mouvement sont eux-mêmes des éléments nouveaux et contingents par rapport aux formes inférieures. Mais la production de ces modes n'est-elle pas régie par une loi inhérente à l'essence matérielle elle-même, et cette loi n'est-elle pas inflexible ?

La loi fondamentale des déterminations mathématiques est la permanence de la quantité mesurable à travers toutes les décompositions et recompositions de l'étendue et du mouvement. Elle a son expression concrète dans la formule de la *conservation de la force*. Cette loi est-elle nécessaire ?

On ne peut dire qu'elle se déduise a priori de la définition même de l'étendue et du mouvement. Car l'étendue et le mouvement ne changeraient pas de nature, pour augmenter, l'une de grandeur, l'autre de vitesse ou de durée.

Est-elle posée a priori par l'esprit comme une synthèse nécessaire ?

Sans doute, si l'on ne voit dans la quantité mesurable que le symbole d'une essence métaphysique telle que la force active, il est clair que la loi dont il s'agit ne peut être connue a posteriori. Mais il n'est pas question d'une chose de ce genre. Les mathématiques ne considèrent que des réalités observables. La figure et le mouvement tombent sous les sens. Le concept de la mesure se ramène au concept de la coïncidence, considérée comme indépendante du lieu, du sens des figures et de la manière dont on les superpose, c'est-à-dire à des données explicables par l'expérience. La force, la masse, le poids, sont, en mécanique, des grandeurs sensibles, mesurables numériquement. La formule scientifique de la quantité d'énergie qui se conserve consiste dans des termes qui n'ont nul caractère métaphysique.

En fait, ce n'est pas du premier coup que l'homme a découvert les premiers principes des mathématiques. Il a tâtonné, il a employé l'observation, l'expérimentation, l'abstraction, l'induction. Certains principes fondamentaux, admis aujourd'hui sans contestation, tels que la loi de l'indépendance des mouvements trouvée par Galilée, ont soulevé tout d'abord de nombreuses objections, de la part de personnes qui les jugeaient irrationnels.

Fera-t-on résider le caractère supra-sensible des lois mathématiques dans le signe =, qui relie entre elles toutes les formules ?

Mais l'égalité, qui d'ailleurs suppose des différences, et, comme telle, se distingue de l'identité absolue, peut être considérée comme une limite pure et simple, que l'esprit conçoit peu à peu, en observant des objets qui présentent des différences de grandeur de plus en plus petites, et en faisant abstraction de celles que la nature laisse inévitablement subsister. Or cette opération n'implique aucune connaissance a priori. Si l'on affirmait que l'esprit a l'intuition des essences qu'il crée ainsi, si l'on considérait les figures géométriques, les groupes de forces, dans leur forme mathématique elle-même, comme des objets d'imagination, il faudrait admettre qu'ils sont connus a priori par une sorte de sens métaphysique, puisque l'expérience ne nous en fournit pas le modèle. Mais, si ces objets ne sont imaginés que sous une forme grossière ; si, sous leur forme précise, ils sont simplement conçus : rien n'empêche d'admettre qu'ils dérivent de l'expérience élaborée par l'abstraction.

Dira-t-on enfin que le principe de la conservation de la force se rapporte à la production du mouvement dans tout l'univers, implique l'impossibilité absolue d'une impulsion initiale, et, à ce titre, dépasse infiniment l'expérience, qui ne peut nous faire connaître qu'une partie, un tronçon des choses ?

Ainsi compris, ce principe réclamerait encore une origine métaphysique ; mais ce n'est pas en ce sens qu'il est employé dans les sciences positives. La formule à laquelle on s'efforce de ramener toutes les lois particulières du mouvement implique simplement la conservation de la force dans un système fini d'éléments mécaniques. Or de telles notions ne dépassent pas la portée de l'expérience, bien plus, ne peuvent avoir d'autre origine que l'expérience elle-même.

Le principe de la conservation de la quantité mesurable à travers les transformations de l'étendue et du mouvement n'est donc pas imposé aux choses ou à la connaissance des choses par la raison : il n'est qu'un résumé de l'expérience.

Mais n'est-il pas, à ce titre même, investi d'une autorité incontestée ? N'est-il pas pratiquement assimilé à un principe à priori ? Ne forme-t-il pas le point de départ d'un développement purement analytique dans les mathématiques pures et la mécanique rationnelle ?

Il ne faut pas que la forme déductive de ces sciences nous fasse illusion : les conclusions en sont purement abstraites, comme les données. Elles déterminent ce qui arrivera, si certaines figures mobiles sont réalisées, et si la quantité mesurable y demeure constante. On ne peut, sans tourner dans un cercle vicieux, considérer les faits comme nécessaires, au nom d'un principe dont la légitimité ne repose que sur l'observation des faits. L'expérience, à laquelle le principe mathématique doit sa valeur, en limite elle-même la portée. Nous n'avons pas le droit d'ériger ce principe en vérité absolue et de le promener en quelque sorte à travers toutes les sciences, à travers la morale elle-même, en renversant aveuglément tout ce qui s'oppose à son passage. Cette formule algébrique ne crée pas, ne gouverne même pas les choses : elle n'est que l'expression de leurs rapports extérieurs.

Cependant, même en ce sens, ne rend-elle pas invraisemblable l'existence d'un degré quelconque de contingence dans la production du mouvement ?

On voudrait pouvoir concilier les deux principes, et il semble, au premier abord, que la chose soit possible : la conservation de la force, en effet, exclut-elle un emploi contigent de cette même force ? Si la contingence n'est pas dans la quantité, ne pourrait-elle être dans la direction ?

Mais cette distinction est inutile dans le cas présent. Car, pour changer la direction d'un mouvement conformément aux lois de la mécanique, il faut faire intervenir un mouvement nouveau ou supprimer l'un des mouvements composants, c'est-à-dire augmenter ou diminuer la quantité de la force.

Distinguera-t-on le mouvement proprement dit, ou mouvement de translation, et le mouvement caché ou moléculaire ; et dira-t-on que la loi de la conservation de la force détermine à la vérité la quantité de mouvement moléculaire qui peut résulter d'un mouvement de translation donné, et réciproquement, mais non pas la transformation de l'un dans l'autre, et que cette transformation du moins peut être contingente ?

Mais le mouvement moléculaire n'est au fond qu'une somme de mouvements intestins, qui ne diffèrent du mouvement de translation lui-même que par l'absence de résultante. Comme tel, il ne peut se changer en mouvement de translation que par un changement survenu dans la direction des mouvements élémentaires, c'est-à-dire encore par l'intervention d'une force nouvelle, par une augmentation ou une diminution de la quantité de mouvement.

Restreindra-t-on la possibilité du mouvement contingent au cas où les forces concourantes déterminent un état d'équilibre, et dira-t-on que l'introduction d'une quantité infiniment petite peut quelquefois suffire à rompre l'équilibre, comme il arrive dans le cas de la balance folle ?

Mais cet équilibre idéal est-il jamais réalisé ? Ensuite, si petite que l'on suppose la force additionnelle, ne faut-il pas qu'elle ait une intensité mesurable pour engendrer un effet ?

Dira-t-on qu'il peut se produire dans la nature des cas analogues aux hypothèses des problèmes qui comportent indifféremment plusieurs solutions, parce que toutes les conditions qui seraient nécessaires pour déterminer entièrement le résultat ne se rencontrent pas dans les données ; et que, dans ces cas du moins, la réalisation d'une résultante, de préférence aux autres, est contingente ?

Mais ce serait méconnaître la loi suivant laquelle, lorsqu'il n'y a pas de raison pour qu'un contraire se réalise plutôt que l'autre, il ne se produit rien.

Alléguera-t-on que le calcul des probabilités rend concevable une permanence relative de l'ensemble malgré la variabilité contingente des détails ; et que la découverte de la détermination inhérente au tout ne peut se retourner contre l'hypothèse primordiale de cas particuliers absolument fortuits ?

Mais il est inexact que, dans la réalité, les cas particuliers soient jamais absolument fortuits. Le nombre des boules que contient un sac, par exemple, est un élément de détermination ; et c'est précisément l'existence de cet élément qui entraîne l'existence d'une moyenne constante. Quant à l'indétermination apparente des cas particuliers, ne s'évanouit-elle pas si l'on admet l'existence, dans la nature, de deux sortes de causes : les unes convergentes, permanentes et universelles, celles-là mêmes qui engendrent la loi ; les autres insignifiantes, passagères et dépourvues de convergence, qui s'annulent sensiblement entre elles et équivalent ainsi pratiquement au hasard supposé par le mathématicien ? Le calcul des probabilités rentre dans le cas des problèmes dont les données sont incomplètes. Or n'est-ce pas là une abstraction artificielle ?

Peut-on enfin scinder le monde donné, et admettre que la loi de la conservation de la force, nécessaire et absolue, là où elle s'applique, n'est du moins pas universelle, et qu'une partie des êtres en est affranchie ? Peut-on distinguer différentes sources de mouvement, les unes purement matérielles, les autres vivantes ou même pensantes, et restreindre aux premières l'application du principe des forces vives ?

Mais cette distinction paraît illégitime, si l'on songe qu'entre la pensée considérée comme dirigeante et le mouvement perçu, il y a une infinité d'intermédiaires, et que l'expérience distincte n'atteint jamais un commencement de série mécanique. En réalité, la doctrine dont il s'agit se conforme, dans un cas, aux conditions d'une explication scientifique ; et, dans l'autre, elle s'y soustrait. Quelle sera la mesure de la force dont disposeront ces agents supérieurs, hétérogènes à l'égard des agents mécaniques? D'ailleurs, où voit-on qu'une quantité de force emmagasinée dans les nerfs produise plus de travail, y compris des deux côtés le travail passif, que la même quantité de force emmagasinée dans un appareil purement mécanique ?

En somme, il est impossible de concilier un degré quelconque de contingence dans la production du mouvement avec la loi de la conservation de la force, admise comme absolue. Une telle contingence ne se peut concevoir que si cette loi, en ce qui concerne le monde mécanique lui-même, n'est pas l'expression nécessaire de la nature des choses. Or une telle doctrine est-elle véritablement contraire à l'expérience ?

Il ne faut pas s'abuser sur la portée du signe =, employé pour exprimer la relation qui, en vertu de cette loi, lie entre elles des forces concourantes et leur résultante. D'abord l'homme ne peut jamais constater une égalité absolue. Ensuite, en dépit de cette égalité, la résultante est quelque chose de nouveau par rapport aux antécédents. Il y avait plusieurs forces : il n'y en a plus qu'une. Ces forces avaient certaines directions : la direction est changée. Quelque chose était, qui n'est plus ; quelque chose n'était pas, qui est. Il est vrai que les transformations particulières et compliquées se ramènent à des transformations générales et élémentaires et ainsi apparaissent comme nécessaires, sinon en elles-mêmes, du moins par rapport à ces principes supérieurs. Mais, si simples et si immédiates que soient les transformations du mouvement énoncées dans les principes généraux, elles impliquent toujours un anéantissement et une création. Or est-il intelligible qu'un mouvement soit la raison suffisante de son propre anéantissement et de l'apparition d'un mouvement nouveau ? Peut-on admettre un lien de nécessité entre ce qui n'est plus et ce qui est, entre ce qui est et ce qui n'est pas encore, entre l'être et le non-être ?

La loi de la conservation de la force suppose un changement qu'elle n'explique pas, qu'elle rendrait même inintelligible, si elle était considérée comme gouvernant sans partage les modes primordiaux de la matière. Elle n'est donc pas absolue. Elle n'a pas d'empire sur ce changement initial qui doit avoir lieu pour qu'elle puisse s'appliquer.

Mais, dira-t-on, les éléments variables ne sont que les qualités des choses, ils n'en sont pas la substance. Celle-ci consiste dans la figure et le mouvement, c'est-à-dire précisément dans cet élément quantitatif dont la loi mathématique affirme la conservation.

Cette doctrine a pour conséquence de réduire à de pures apparences le changement qualitatif, et avec lui tout ce que la nature nous offre de plus relevé, sans qu'on puisse concevoir un rapport possible entre l'élément immuable dont on fait la substance des choses et le changement qualitatif qui en devient le phénomène.

Ensuite, en quoi consiste au juste l'élément dont on affirme la permanence à travers tous les changements qualitatifs?

Est-ce la quantité pure et simple? — Mais la quantité n'est qu'une mesure, une abstraction, une limite idéale, et non une réalité.

Est-ce la quantité de plusieurs qualités? — Mais on ne peut comparer entre elles que des mesures relatives à une seule et même qualité.

Est-ce la quantité d'une seule et même qualité, laquelle serait précisément l'étendue figurée et mobile? — Mais, à ce compte, lequel est la substance, de la quantité qui ne parvient jamais à se réaliser, à obtenir la détermination et la fixité qu'elle réclame, ou de la qualité, qui impose à la quantité cette fluctuation perpétuelle, contraire à son essence? La quantité n'est-elle pas de nouveau subordonnée à un élément d'une autre nature; et, dans ces conditions, se comporte-t-elle exactement de même que si elle existait en soi? Trouve-t-on, même dans une qualité aussi élémentaire que l'étendue figurée et mobile, la détermination et l'identité que supposent les mathématiques abstraites? D'abord, cette qualité n'est-elle pas intimement unie aux autres, et ne doit-elle pas s'y rattacher par des gradations insensibles, de même que, dans des régions supérieures, les propriétés physiques et chimiques se rapprochent peu à peu de la vie? Le mouvement vibratoire, par exemple, ne représente-t-il pas un de ces degrés intermédiaires? Ensuite, et par là même, y a-t-il parfaite identité de nature entre tous les mouvements réels? Les uns ne sont-ils pas plus susceptibles que les autres d'engendrer des mouvements vibratoires; et, s'il en est ainsi, un ensemble de forces composantes forme-t-il un tout parfaitement homogène?

C'est se mettre en dehors des conditions mêmes de la réalité, que de considérer la quantité relativement à une qualité homogène, ou abstraction faite de toute qualité. Tout ce qui est possède des qualités et participe, à ce titre même, de l'in détermination et de la variabilité radicales qui sont de l'essence de la qualité. Ainsi, le principe de la permanence absolue de la quantité ne s'applique pas exactement aux choses réelles : celles-ci ont un fonds de vie et de changement qui ne s'épuise jamais. La certitude singulière que présentent les mathématiques comme sciences abstraite ne nous autorise pas à regarder les abstractions mathématiques elles-mêmes, sous leur forme rigide et monotone, comme l'image exacte de la réalité.

L'expérience, d'ailleurs, si larges qu'en soient les bases, ne nous montre nulle part des ensembles mécaniques parfaitement stables. Les révolutions mêmes des astres, qui paraissent si uniformes, n'ont pas des périodes absolument identiques. La loi fixe recule devant l'observateur. Il l'atteindrait, suppose-t-il, s'il pouvait observer le tout. Mais, dans l'espace et le temps, qu'est-ce que le tout ? L'indétermination qui subsiste invinciblement dans les moyennes relatives aux ensembles mécaniques les plus considérables, a vraisemblablement sa raison dans la contingence des détails.

Mais, si les révolutions générales sont extrêmement lentes et presque insensibles, que doit-il en être des variations de détail qui les déterminent ? Ainsi la nature, contemplée pendant un instant, semble immobile, alors qu'en réalité tout se meut, vit et se développe. Et, si le progrès contingent du monde mécanique se fait, comme il est vraisemblable, par transitions continues ; si les variations élémentaires, quand elles ne s'annulent pas les unes les autres, agissent par leur nombre, leur durée et leur convergence, plutôt que par leur intensité, on ne voit pas comment l'homme, qui ne peut étudier les choses avec précision qu'en les analysant, pourrait en vérifier directement l'existence. Il est d'ailleurs certains cas où il suffit de variations insignifiantes et imperceptibles en elles-mêmes pour déterminer, en définitive, par une suite de contre-coups purement mécaniques, des résultats considérables. Telles sont parfois les ruptures d'équilibre. La graine tombée du bec d'un oiseau sur une montagne couverte de neige peut produire une avalanche qui comblera les vallées.

Ainsi l'apparition de la matière et de ses modes est une nouvelle victoire des choses sur la nécessité : victoire due à la valeur supérieure de la matière, et aussi à l'élasticité du tissu des causes et des espèces, qui a permis à cette forme nouvelle d'y naître et de s'y développer.

CHAPITRE V

DES CORPS

Est il possible de créer le monde sans employer autre chose que de la matière et du mouvement ? Ces concepts une fois admis comme données indispensables et irréductibles, tout le reste est-il désormais explicable ?

Au-dessus de la matière proprement dite se trouvent les essences physiques et chimiques, c'est-à-dire les corps, au sein desquels la figure et le mouvement nous apparaissent. Ont-ils leur raison suffisante dans l'existence du mouvement et de ses lois, ou renferment-ils encore quelque chose d'irréductible ? S'il arrive que la matière n'explique pas les corps, à plus forte raison ne saurait-elle expliquer la vie et la pensée.

Mais pourquoi la matière n'expliquerait-elle pas les corps. Il ne s'agit pas ici de ce qu'il peut y avoir de relatif à l'homme dans l'idée qu'il se fait des objets physiques et chimiques. Il ne s'agit pas de l'élément subjectif des sensations, mais simplement de leur cause extérieure. Or pourquoi la part des choses dans la sensation ne se réduirait-elle pas au mouvement ?

Certes, il est impossible de considérer nos états de conscience comme des propriétés de la matière extérieure, et ce ne peut être le fait d'être senti qui distingue objectivement les corps de la matière. Mais s'ensuit-il qu'il n'y ait rien de plus dans la substance sonore ou lumineuse que dans la matière pure et simple ? La partie descriptive de la science physique est-elle sans objet ?

S'il suffit qu'une manière d'être soit donnée dans un état de conscience pour que, de cette manière d'être, rien n'appartienne aux choses, le mouvement lui-même ne leur appartient pas. Car il ne nous est donné que dans des sensations tactiles ou visuelles dont nous avons conscience. Si l'on fait abstraction du tact, le mouvement devient absolument inconcevable ; et ainsi rien n'est plus obscur que la doctrine qui fait du mouvement, selon l'idée immédiate que nous en avons, l'élément extérieur par excellence. Le mouvement que nous connaissons, c'est-à-dire le mouvement perçu, ne peut être, comme toute perception, que le signe de la chose donnée : il n'en est pas l'image. Que si, néanmoins, on l'attribue aux choses, on ne peut arguer de l'intervention de la conscience dans la connaissance des corps pour leur refuser les propriétés physiques proprement dites.

Mais, objectera-t-on, il ne faut pas multiplier les êtres sans nécessité. Il est prouvé que les diverses propriétés physiques ont toutes une seule et même cause extérieure et que cette cause est le mouvement. Un même agent, appliqué aux organes des différents sens, produit les différentes sensations ; et des agents en apparence différents, appliqués à l'organe d'un seul sens, produisent tous la même sensation. Les divers agents physiques ne sont donc que des variétés d'un seul. On sait d'ailleurs que le son, la chaleur et sans doute la lumière se ramènent au mouvement. Donc tous les agents physiques se ramènent au mouvement.

Cette démonstration n'est pas rigoureuse

D'abord la loi de l'équivalent mécanique de la chaleur n'implique nullement la réduction de la chaleur proprement dite au mouvement, mais simplement l'existence d'un mouvement moléculaire dans le corps qui détermine en nous la sensation de chaleur.

Ensuite, si tout n'est que mouvement, d'où vient que la conscience éprouve, en présence des corps, des sensations d'espèces diverses ? Y a-t-il donc plusieurs consciences de nature différente, correspondant à plusieurs catégories de mouvements, et créant, à l'occasion de ces différences relativement quantitatives, des différences qualitatives ? Mais la conscience est essentiellement une et identique, et ne peut rendre compte de ce passage de l'un au multiple, du semblable au divers. Il est d'ailleurs manifeste qu'il ne s'agit pas ici d'une diversité purement extérieure et de variétés d'un type unique. La sensation de chaleur est radicalement hétérogène par rapport à la sensation de son. Puisque cette hétérogénéité ne peut trouver son explication dans la nature de la conscience, il reste qu'elle ait sa racine dans la nature des choses elles-mêmes, et que la matière ait la propriété de revêtir des formes irréductibles entre elles. Or l'hétérogénéité est étrangère à l'essence de l'étendue figurée et mobile, c'est-à-dire de la matière proprement dite. Le mouvement vibratoire lui-même ne peut être dit hétérogène à l'égard du mouvement de translation. Ce sont simplement grandeurs, directions, intensités, modes divers d'un même phénomène. Il faut donc admettre que les objets sensibles, même abstraction faite de ce que la conscience peut mettre d'elle-même dans la sensation, ne se réduit pas à de la matière en mouvement. La matière ébranlée semble n'être en eux que le véhicule de propriétés supérieures, lesquelles sont les propriétés physiques proprement dites. Cette essence nouvelle consiste pour nous dans la capacité de fournir à la conscience des sensations hétérogènes.

S'il arrive qu'un même agent impressionne différemment les différents sens, c'est peut-être parce que, sous une apparence simple, il est complexe et comprend en réalité autant d'agents distincts qu'il cause de sensations diverses. La chaleur, la lumière et l'électricité, par exemple, peuvent s'accompagner les unes les autres, d'une manière plus ou moins constante, sans pour cela se confondre en un seul et même agent. Peut-être aussi le fait en question, et avec lui le fait inverse, s'expliqueraient-ils en admettant que les organes des sens, dont la nature est appropriée aux impressions qu'ils doivent recevoir, conservent en eux-mêmes, à l'état latent, une certaine somme d'impressions physiques proprement dites, fournies par les objets extérieurs; et que, sous l'influence de certaines excitations, ces impressions passent de l'état latent à l'état manifeste. C'est ce qui se produirait, par exemple, dans le cas des sensations imaginaires et dans les songes.

Ainsi les éléments physiques et chimiques, les corps, en tant qu'ils sont susceptibles d'hétérogénéité, ne se confondent pas avec la matière pure et simple. Ils n'en peuvent dériver par voie de développement analytique, mais impliquent l'addition d'un élément nouveau.

Cette addition est-elle l'effet d'une synthèse causale posée a priori par la raison?

Il ne peut être ici question des concepts particuliers relatifs à la matière des phénomènes physiques, c'est-à-dire à la chaleur, à l'électricité, à la combinaison chimique, etc. Ces propriétés ne sont évidemment connues que par l'expérience. Mais on pourrait peut-être considérer comme donnée à priori la forme générale de ces propriétés, c'est-à-dire la transformation de la matière en substances hétérogènes. Du moment que l'être est soumis aux conditions de l'espace et du temps, comme l'est par définition la matière, il ne peut, semble-t-il, réaliser toutes ses puissances qu'en se diversifiant à l'infini. Un rayon de soleil qui a passé à travers un prisme ne conserve tout ce qu'il renfermait de lumière qu'en se colorant de mille nuances diverses.

Ainsi entendu, le concept des qualités hétérogènes présente sans doute les caractères d'un concept à priori. Mais il ne fait nullement comprendre pourquoi les formes de la matière se ramènent à un petit nombre de classes telles que le son, la chaleur, ou les espèces chimiques, au lieu d'être en nombre infini. De plus, il fait supposer que tout ce qui est dans le temps revêt, par là même, une forme physique, ce qui n'est nullement certain.

La définition scientifique des corps n'implique pas ces idées métaphysiques : elle contient simplement l'idée de choses matérielles hétérogènes qui tombent sous les sens, et ainsi elle ne dépasse nullement la portée de l'expérience.

Dira-t-on que, dans la définition des corps, les qualités sensibles ne sont pas considérées comme de purs phénomènes, mais comme des propriétés, c'est-à-dire comme des causes génératrices, et que de telles essences ont un caractère suprasensible ?

Mais ce serait s'écarter de l'acception scientifique des termes « propriétés, affinités, cohésion », etc. Ces expressions ne signifient rien autre chose, sinon l'uniformité avec laquelle, certaines sensations nous étant données, certaines autres nous sont données également. Une propriété n'est jamais qu'une relation observable entre deux groupes de phénomènes.

Le passage des propriétés mathématiques aux propriétés physiques, de la matière aux corps, ne peut donc être considéré à priori comme imposé aux choses. Mais les choses elles-mêmes ne nous présentent-elles pas cette synthèse comme nécessaire en fait ? Ne peut-on dire, par exemple, que, vraisemblablement, tout ce qui est possède des propriétés physiques ?

Il est certain qu'un grand nombre de choses auxquelles on n'attribuait d'abord que des propriétés inférieures ou supérieures aux propriétés physiques proprement dites, par exemple les astres et la matière vivante, nous apparaissent maintenant comme possédant des propriétés physiques superposées aux premières, impliquées dans les secondes. Mais s'ensuit-il que tout ce qui est possède des propriétés physiques ? Par exemple, est-il certain que tout, en l'homme, soit corporel ? D'autre part, ne voyons-nous pas la science elle-même supposer, pour l'explication de certains phénomènes, une substance extrêmement simple, appelée éther, laquelle ne posséderait guère que des propriétés mécaniques, et serait comme dépourvue de propriétés physiques proprement dites ?

Cependant, s'il est impossible d'affirmer que tout ce qui est possède des propriétés physiques, le caractère fatal de l'apparition de ces propriétés, là où elles existent, ne ressort-il pas suffisamment de la loi même qui gouverne cette apparition ? **Les propriétés physiques sont-elles autre chose que des mouvements transformés ; et cette transformation ne se produit-elle pas suivant des lois nécessaires ?**

Ce raisonnement implique une confusion. La physique ne montre pas que la chaleur, dans toute la compréhension du terme, ne soit qu'un mouvement transformé, c'est-à-dire que le mouvement disparaisse pour faire place à un phénomène physique non mécanique. Elle montre simplement que sous la chaleur, sous la lumière, etc., phénomènes en apparence purement physiques, il y a des mouvements d'une nature spéciale, et que ces mouvements sont la condition des phénomènes physiques proprement dits. Dès lors le mouvement ne se transforme pas en chaleur, mais en mouvement d'un autre genre, en mouvement moléculaire ; et c'est uniquement par association d'idées que ce mouvement lui-même est appelé chaleur par les physiciens. La chaleur proprement dite se distingue du mouvement moléculaire lui-même ; et ainsi l'apparition n'en est pas expliquée immédiatement par la loi qui explique le passage du mouvement de translation a mouvement moléculaire.

Mais ne voit-on pas le phénomène physique se produire constamment, lorsque certaines conditions mécaniques sont réalisées ? N'est-il pas vraisemblable que ces conditions mécaniques se réalisent en vertu des lois mathématiques ; et ne s'ensuit-il pas que la nécessité mathématique elle-même garantit l'existence nécessaire du monde physique ?

Cette déduction est purement abstraite ; car, en ce qui concerne les choses réelles, la nécessité mécanique n'est pas certaine ; et rien ne prouve que la réalisation des conditions mécaniques des phénomènes physiques ne soit pas précisément l'un des cas où se manifeste la contingence du mouvement. Il est remarquable que ces conditions dépassent comme infiniment, en complication, toutes les combinaisons que l'homme peut imaginer en assemblant un nombre fini d'éléments mathématiques déterminés. Aussi l'application des mathématiques à la physique concrète ne donne-t-elle jamais que des résultats approximatifs. On pense, il est vrai, que, si l'on connaissait toutes les conditions mécaniques des phénomènes physiques, on pourrait prévoir ceux-ci avec une certitude absolue. Mais il s'agit de savoir si le concept « toutes les conditions » répond à quelque chose de réel ; s'il existe, pour les phénomènes physiques, un nombre fini de conditions mécaniques entièrement déterminées. Ensuite, lors même que l'on pourrait ainsi déduire le phénomène physique de ses conditions mécaniques immédiates, est-il assuré que l'on en pourrait faire autant pour les conditions elles-mêmes, et ainsi indéfiniment ? Pourrait-on établir que nulle part, dans la série régressive des causes mécaniques, ne se glisse la moindre déviation ?

Cette hypothèse pourrait sembler gratuite si le mouvement présentait partout les mêmes apparences, et n'existait jamais que pour lui-même. Mais, tandis que, dans le cas des phénomènes mécaniques ordinaires, le mouvement, manifestation d'une résultante, est purement et simplement un changement survenu dans les rapports de position de plusieurs masses étendues ; dans le cas dont il s'agit, le mouvement, caché dans les replis de la matière, demeure sans résultante, mais supporte des propriétés nouvelles et supérieures. Relativement simple dans le premier cas, il est, dans le second, d'une complication comme infinie. On ne peut d'ailleurs concevoir comment un mouvement quelconque aurait dans un autre mouvement sa raison suffisante et il peut suffire d'une variation extrêmement faible dans les mouvements élémentaires pour entraîner, dans les conséquences éloignées, des changements considérables. S'il en est ainsi, n'est-il pas vraisemblable qu'il y a une part de contingence dans la production des conditions mécaniques des phénomènes physiques ; et que l'apparition de ces derniers, encore qu'ils puissent être liés uniformément à leurs conditions mécaniques, est contingente elle-même ?

Cependant le monde physique, comme tel, a lui aussi sa loi. Les phénomènes ne s'en produisent pas au hasard. Si cette loi est absolue, l'intervention du monde physique dans le monde mécanique, contingente par rapport à celui-ci, sera en définitive régie par une nécessité interne propre au monde physique lui-même ; et par conséquent, ce qui était en partie indéterminé quand on se plaçait à un point de vue purement mathématique, apparaîtra comme entièrement déterminé, lorsque l'on tiendra compte des actions physiques proprement dites qui influent sur le cours des phénomènes mécaniques. Ainsi la planète Uranus semblait errer au hasard, alors que l'on ignorait l'existence de Neptune.

Mais comment déterminer la loi propre au monde physique, distingué du monde mécanique ? La science positive abandonne de plus en plus le point de vue descriptif, qui ne peut fournir de données précises, et ramène, autant que possible, les phénomènes physiques, relativement qualitatifs, à des phénomènes mécaniques relativement quantitatifs. Par exemple, elle n'étudie pas la chaleur elle-même, mais bien dans son équivalent mécanique. Elle cherche de même l'équivalent mécanique de l'électricité et des autres agents physiques. De la sorte, c'est aux mathématiques elles-mêmes que revient la tâche de déterminer scientifiquement la loi des phénomènes physiques.

Si le parallélisme que suppose cette méthode est absolu, il ne peut être question d'une contingence propre à l'élément non mécanique des phénomènes physiques : la loi physique mécanique donne exactement la mesure de la loi physique proprement dite. Or est-il certain que l'ordre mécanique impliqué dans l'ordre physique en soit, à la lettre, l'équivalent ?

En un sens, l'expression d' « équivalence » peut être parfaitement légitime : il peut être exact que tel phénomène physique, considéré isolément, est toujours accompagné de tel phénomène mécanique. Mais en ce sens, l'équivalence mécanique des phénomènes physiques ne peut fournir la loi propre à ces derniers, parce qu'il reste à savoir s'il n'y a pas action et réaction entre les deux ordres de phénomènes, et si l'élément physique proprement dit n'influe pas sur l'élément mécanique.

Pour que la loi mécanique puisse être considérée comme la traduction de la loi physique proprement dite, il faut que l'équivalence existe, non seulement entre les deux ordres de faits, mais entre les deux ordres de rapports, entre l'enchaînement des faits physiques et l'enchaînement de leurs conditions mécaniques. Or cette seconde équivalence semble inintelligible, parce que, tandis que la variable est homogène, l'élément qui doit en être fonction est hétérogène. Le mouvement est susceptible de changer d'une manière continue : il n'en est pas de même de la transformation d'un état physique ou chimique en un autre. Quels sont les états physiques intermédiaires entre l'état électrique des pôles de la pile et l'état lumineux du charbon ? Les états physiques proprement dits peuvent-ils varier aussi peu que l'on veut, de même que leurs conditions mécaniques ? Enfin, n'y a-t-il pas des cas où le parallélisme semble effectivement violé, comme lorsque l'addition d'une faible quantité de mouvement transforme un phénomène chimique en phénomène lumineux et un phénomène lumineux en phénomène calorifique, ou fait passer un corps d'un état à un autre, c'est-à-dire produit brusquement un phénomène tout nouveau ?

Ainsi il n'y a pas équivalence complète entre l'ordre des phénomènes physiques proprement dits et celui de leurs conditions mécaniques ; et la loi des uns n'est pas préjugée par celle des autres.

On est donc amené, pour juger de la nécessité interne du monde physique proprement dit, à l'examiner en lui-même, c'est-à-dire à laisser de côté la partie mathématique des sciences physiques pour en considérer la partie descriptive. Il est clair qu'à ce point de vue, on ne peut arriver à des résultats précis analogues à ceux que l'on obtient en considérant uniquement les phénomènes mécaniques engagés dans les phénomènes physiques. Mais la science mathématique n'est apparemment pas le type unique de la connaissance. Quelle sera donc, en ce sens, la loi du monde physique ?

En dépit des apparences, il n'est pas vraisemblable que la

chaleur qui survient ou disparaît, lorsqu'un mouvement de translation se change en mouvement moléculaire et réciproquement, naisse de rien ou soit anéantie. On peut admettre qu'il existe un état latent, sinon de la chaleur, mécanique (laquelle n'est que le mouvement moléculaire), du moins de la chaleur physique superposée à ce moment; et que la chaleur physique demeure dans cet état, quand elle n'est pas sensible. En somme, le monde physique se conserve comme le monde mécanique. Les mêmes agents subsistent avec les mêmes propriétés; et la quantité de matière chimique demeure sensiblement la même. On peut donc se demander s'il n'y a pas, au sein du monde physique, un principe de nécessité qui consisterait dans la conservation de l'action physique elle-même.

Il peut sembler, au premier abord, qu'en admettant cette loi, on ne ferme pas tout accès à la contingence dans le monde physique. Cette loi implique sans doute l'égalité de l'état conséquent par rapport à l'état antécédent, au point de vue physique lui-même; mais elle n'exige pas immédiatement que le passage de celui-ci à celui-là soit nécessaire; elle détermine l'intensité, non le mode des phénomènes; elle mesure la force, elle n'en assigne pas l'emploi. Dès lors ne peut-on penser que cette loi énonce simplement la condition sous laquelle se produisent des transformations d'ailleurs contingentes?

Mais, pour que le changement d'état s'explique physiquement, il faut qu'une ou plusieurs circonstances physiques soient venues s'ajouter aux conditions données ou que certaines de ces conditions aient disparu, ce qui suppose l'intervention ou la disparition d'une certaine quantité d'action physique. Les modes ne sont que des abstractions, s'ils n'ont pas quelque intensité. Ce serait donc vainement que l'on chercherait dans le monde physique des marques de contingence si la conservation de l'action physique devait être admise d'une façon absolue. Mais cette loi est-elle évidente?

D'abord elle ne résulte pas de la définition même des phénomènes physiques, puisque l'idée d'une puissance de changement existant dans le corps ne détermine évidemment pas l'intensité de cette puissance.

Ensuite elle ne peut être rapportée à un principe synthétique a priori, puisqu'elle est relative à une forme de l'être dont nous n'aurions certainement jamais l'idée, si nous étions réduits à la raison pure.

Si elle est nécessaire, ce ne peut être que d'une nécessité de fait, établie par l'expérience et l'induction. Mais, à ce point de vue encore, la probabilité est du côté de la contingence.

La théorie des états latents est, sans doute, plausible, du moment où l'on n'admet pas que les états physiques proprement dits soient des mouvements métamorphosés. Mais elle ne garantit qu'imparfaitement l'égalité des actions physiques antécédentes et conséquentes. Il est en effet invraisemblable qu'un état latent implique la même quantité d'action que l'état manifeste correspondant. On peut, il est vrai, supposer qu'en même temps que telle propriété physique passe à l'état latent, telle autre se manifeste, et réciproquement; et qu'ainsi l'équilibre se maintient dans l'univers par suite d'une compensation continuelle. Mais cette hypothèse sur l'ensemble des choses dépasse le champ de l'expérience. Nous ne pouvons même savoir, par elle, si l'ensemble des choses est une quantité finie.

En elle-même, la loi de la conservation de l'action physique se prête mal à la vérification expérimentale. Elle implique une unité de mesure de l'ordre physique proprement dit. Or, l'hétérogénéité réciproque des états physiques met obstacle à la comparaison quantitative. La part du changement l'emporte déjà sur la part de la permanence, parce que l'élément qualitatif joue déjà un rôle considérable. Les lois physiques et chimiques les plus élémentaires et les plus générales énoncent des rapports entres des choses tellement hétérogènes, qu'il est impossible de dire que le conséquent soit proportionnel à l'antécédent, et en résulte, à ce titre, comme l'effet résulte de la cause. L'élément fondamental commun entre l'antécédent et le conséquent, condition de la liaison nécessaire, nous échappe presque complètement. Il n'y a là, pour nous, que les liaisons données dans l'expérience et contingentes comme elle.

Ainsi on peut admettre qu'il y a quelque chose de contingent dans les rapports fondamentaux des phénomènes physiques proprement dits; et, s'il est vrai que les lois propres au monde mécanique ne sont pas absolument nécessaires, on peut concevoir que les agents physiques interviennent dans le cours des phénomènes mécaniques, de manière à y susciter les conditions de leur réalisation ou de leurs variations contingentes.

S'il en est ainsi, le monde physique n'est pas immuable. La quantité d'action physique peut augmenter ou diminuer dans l'univers ou dans des portions de l'univers. N'est-ce pas, en effet, ce qui semble s'être produit à travers les siècles, s'il est vrai qu'une matière cosmique élémentaire, presque aussi uniforme que l'espace lui-même, s'est peu à peu agrégée pour former des astres doués de lumière et de chaleur; et que du sein de ces astres est sortie une variété infinie de corps, de plus en plus riches en propriétés physiques et chimiques? N'est-ce pas, en sens inverse, ce qui semble se produire sous nos yeux, s'il est vrai que certains systèmes stellaires perdent peu à peu leur éclat et leur chaleur, et marchent vers une dissolution qui les fera retourner à l'état de poussière indistincte?

Et, si de pareilles révolutions s'accomplissent dans certaines parties de l'univers, qui peut affirmer qu'il se produit ailleurs des révolutions exactement inverses qui rétablissent l'équilibre ?

Les lois particulières paraissent nécessaires parce qu'elles rentrent nécessairement dans les lois générales ; mais, si les lois les plus générales, trame des lois particulières, peuvent varier, si peu que ce soit, tout l'édifice du destin s'écroule.

L'ensemble n'est que la somme des détails. La forme de l'ensemble ne peut être contingente que s'il y a dans les parties un élément indéterminé. Mais, si la contingences des lois générales n'amène que de faibles variations pour des masses immenses et des périodes de temps considérables, comment les éléments de ces variations apparaîtraient-ils à l'expérimentateur qui opère pendant quelques instants sur quelques parcelles de matière ?

CHAPITRE VI

DES ÊTRES VIVANTS

Si de l'examen des corps inorganiques on passe, sans transition, à l'examen des types élevés des règnes animal et végétal, on ne comprend pas comment les premiers pourraient engendrer les seconds ; et l'on répugne à croire que les lois physiques et chimiques suffisent à expliquer les phénomènes physiologiques. Mais, lorsque, descendant l'échelle des êtres vivants, on voit peu à peu les fonctions se confondre, les organismes se simplifier, la conformation devenir plus flottante ou se rapprocher des figures géométriques ; lorsque, finalement, on arrive à ces êtres rudimentaires qui tiennent le milieu entre l'animal et le végétal, ou plutôt ne sont encore ni des animaux ni des végétaux, et qui ne consistent guère qu'en une masse homogène et informe de matière albuminoïde où la vie ne se révèle plus que par la nutrition ; ou bien encore lorsque, remontant la série des phases qui précèdent l'état parfait des êtres supérieurs, on découvre une analogie entre ces phases et l'état permanent des espèces inférieures ; lorsque l'on voit les organes les plus différents provenir de parties à peu près semblables, ces parties elles-mêmes s'identifier et finalement se ramener à un élément microscopique composé uniquement d'une couche solide, d'une couche molle et d'une couche liquide : on peut se demander si le monde vivant, par son extrémité inférieure du moins, ne tient pas au monde inorganique ; et si le simple jeu des forces physiques et chimiques ne suffit pas à engendrer, non, sans doute, immédiatement les organismes compliqués, mais tout d'abord la matière vivante élémentaire, et ensuite, par cette matière même, toute la hiérarchie des formes organiques.

Si d'ailleurs on analyse les principes de la vie, on n'y trouve, semble-t-il, aucun élément qui n'existe déjà dans le monde inorganique.

La matière albuminoïde des cellules est composée principalement de carbone, d'oxygène, d'hydrogène et d'azote. Quant au mode de combinaison de ces éléments et à l'instabilité extrême du corps organisé, ces caractères peuvent s'expliquer par des rapports de nombre, de poids, de forme, de positions, par le mode de mouvement moléculaire, ou bien encore par quelque propriété physique de l'un des composants, du carbone par exemple, propriété qui, d'ordinaire latente, se manifesterait ici en vertu des conditions spéciales où il est placé. Ne voyons-nous pas, dans la chimie inorganique, les composés les plus divers résulter de la combinaison des mêmes éléments, pris dans des proportions différentes ?

Les fonctions des cellules ont aussi leurs analogues dans le monde inorganique. Elles produisent de nouvelles cellules en convertissant des substances élémentaires en protoplasma. A l'origine, dans les cellules non encore munies de membranes, cette conversion a lieu sans intussusception : or un cristal, plongé dans une dissolution de nature chimique identique avec la sienne, à l'état de sursaturation, fait cristalliser le sel contenu dans ce liquide. Les cellules prennent des formes déterminées, et par là se différencient entre elles : il en est de même des cristaux, lesquels peuvent différer de forme sans différer de composition chimique ; et l'on en voit qui, lorsqu'ils sont légèrement ébréchés, reprennent leur forme dans une dissolution saline convenable, aux dépens de cette dissolution même.

Enfin les cellules se combinent et forment des systèmes, ainsi des gouttelettes de mercure se confondent dans une goutte totale.

Il semble donc qu'il n'y ait, entre le monde vivant et le monde physique, qu'une différence de degré : une plus grande diversité dans les éléments, une plus grande puissance de différenciation, des combinaisons plus complexes.

L'observation des êtres vivants, considérés au point de vue de leur nature actuelle, confirme-t-elle de tout point ces inductions fondées sur leur genèse ?

Une chose est d'abord remarquable, c'est que si, dans le monde mathématique, la matière mobile semblait, au premier abord, posée avant le mouvement, et, dans le monde physique, en même temps que lui ; ici les apparences elles-mêmes nous montrent le mouvement comme posé avant la matière correspondante, le changement comme précédant l'être, le travail organisateur comme précédant l'organisme. Le « mot vie » signifie avant tout « mouvement automatique ». L'être vivant se transforme continuellement : il se nourrit, se développe, engendre d'autres êtres ; il est d'une instabilité, d'une flexibilité singulières. Une vapeur, une goutte d'eau menace son existence ; or il se modifie lui-même en tous sens, il fait mille manœuvres pour passer sans encombre, s'il est possible, entre les innombrables écueils dont sa route est semée. Il y a une disproportion frappante, chez l'être vivant, entre le rôle de la fonction et celui de la matière, quelle que soit d'ailleurs l'origine de la fonction. La vie, même avec un nombre d'éléments plus restreint que celui qu'exploite la force physique, produit des œuvres bien autrement puissantes, puisqu'un brin d'herbe peut percer un rocher.

En quoi consiste l'acte vital, l'organisation? Il est clair qu'il n'est pas suffisamment défini par le terme de combinaison. Il ne consiste pas dans la formation d'un agrégat analogue à un morceau de soufre ou à une goutte de mercure, mais dans la création d'un système où certaines parties sont subordonnées à certaines autres. Il y a, dans un être vivant, un agent et des organes, une hiérarchie.

Cet ordre hiérarchique a-t-il sa raison suffisante dans la propriété qu'ont les éléments anatomiques d'acquérir des formes différentes les unes des autres? — Non, sans doute, parce qu'il faut que la différenciation ne se produise pas au hasard, pour que certaines parties se subordonnent aux autres; il faut que la cellule se comporte autrement que la matière chimique proprement dite, laquelle, à travers les différentes formes qu'elle revêt, ne parvient pas à créer de systèmes hiérarchiques.

Mais peut-être cette différenciation appropriée s'explique-t-elle par les conditions différentes de la production et de l'existence des différentes cellules? — Encore faut-il que les cellules puissent naître et subsister précisément dans les conditions requises pour déterminer des différences de valeur. On ne voit pas une telle flexibilité dans la matière inorganique.

Peut-on dire enfin que les principes qui expliquent toute organisation sont les conditions internes, la composition chimique des métériaux élémentaires, c'est-à-dire des cellules? — Mais la cellule, en supposant que tout élément vivant s'y ramène, est un être qui possède déjà, dans une certaine mesure, les caractères mêmes qu'il s'agit de résoudre en propriétés physiques : la hiérarchie des parties et la faculté de créer des cellules nouvelles, entre les parties desquelles s'établira la même hiérarchie. Le protoplasma est, dans la cellule, une partie maîtresse. Il crée le noyau liquide et la membrane rigide, et donne ainsi naissance à un être distinct, en attendant que, par son développement même, il produise d'autres êtres qui, eux aussi, se feront une existence distincte. La réduction des organismes à la cellule ne fait que reculer la difficulté.

En somme, la fonction vitale semble être une création, sans commencement ni fin, de systèmes dont les parties présentent, non seulement de l'hétérogénéité, mais encore un ordre hiérarchique. L'être vivant est un individu, ou plutôt, par une action continuelle, il se crée une individualité et engendre des êtres capables eux-mêmes d'individualité. L'organisation est l'individualisation.

Or cette fonction ne paraît pas exister dans la matière inorganique. Les substances chimiques, si composées qu'elles soient, n'offrent à la division mécanique que des parties similaires, et, par conséquent, ne comportent pas la différenciation, la division du travail et l'ordre hiérarchique. Il n'y a pas d'individus dans le monde inorganique, et il n'y a pas d'individualisation. L'atome, s'il existe, n'est pas un individu, car il est homogène. Un cristal n'est pas un individu; car il est, indéfiniment peut-être, divisible en cristaux semblables actuellement existants. Dira-t-on que les systèmes célestes, composés d'un astre central et de planètes qui en dépendent, nous offrent l'analogue de l'individualité? Ces systèmes comportent, il est vrai, une sorte de hiérarchie apparente; mais ils ne sont pas, comme les êtres vivants, décomposables, jusqu'à leurs derniers éléments, en systèmes capables d'individualité. La force physique semble essayer, dans l'infiniment grand, ce que la vie réalise, dès l'infiniment petit. Mais elle ne peut atteindre qu'à la ressemblance extérieure.

Ainsi l'être vivant renferme un élément nouveau, irréductible aux propriétés physiques; la marche vers un ordre hiérarchique, l'individualisation. Le rapport qui existe entre les propriétés physiques et les fonctions vitales n'est donc pas immédiatement nécessaire, comme il arriverait si les secondes étaient, d'avance, contenues dans les premières. Cependant, même à titre de lien entre des choses radicalement distinctes, ce rapport est nécessaire s'il est affirmé dans une synthèse causale a priori. Or en est-il ainsi? Le concept de la vie est-il construit par l'entendement pur?

Si l'on entend par la vie un principe un, simple, immatériel, qui coordonne des moyens en vue d'une fin, l'idée de la vie ne peut dériver de l'observation des êtres vivants. Car nous ne voyons pas qu'ils aient jamais une unité absolue. Ce sont, il est vrai, des organismes; mais les parties en sont elles-mêmes des organismes, doués, dans une certaine mesure, d'une vie propre, jusqu'à ce que l'on arrive à la cellule qui, en se segmentant, donne naissance à plusieurs cellules, et, par conséquent, n'est pas radicalement une. De même, l'idée de la finalité organique ne résulte certainement pas de l'expérience. Celle-ci nous montre sans doute des organes en harmonie avec leurs fonctions; mais elle ne nous apprend pas si l'organe a été créé en vue de la fonction, ou si la fonction est simplement le résultat de l'organe.

Ainsi l'idée d'un principe vital un et intelligent est à la vérité une idée a priori, mais cette idée n'est nullement présupposée par la connaissance des êtres vivants. Si elle peut être admise, c'est comme interprétation métaphysique des faits, non comme point de départ de la recherche expérimentale. On ne voit pas quel secours peut prêter à l'observation et à l'explication scientifiques des phénomènes le concept d'une essence qui n'est pas du même genre qu'eux, et qui, par suite, ne saurait fournir une règle applicable aux cas fournis par l'expérience. Ces principes transcendants, appliqués à la science, risquent de gêner et de fausser l'observation.

Mais, dira-t-on, la biologie est, à tout le moins, dominée et dirigée par les deux idées suivantes. D'abord la vie est la réalisation d'un type et, comme telle, est un lien de connexion entre les parties : quand un organe est donné, l'organe connexe doit être donné également, fût-ce à l'état rudimentaire. L'être vivant est un tout. Ensuite, la vie est une action commune, et les organes sont construits de manière à pouvoir y concourir : il y a corrélation entre leurs rôles, et, par suite, entre leur formes. En ce sens, l'être vivant est un système harmonieux.

Il est vrai que ces deux principes sont impliqués dans la biologie ; mais ils ne dépassent nullement la portée de l'expérience, et c'est elle-même qui les a révélés. L'unité n'y est conçue que comme rapport constant de juxtaposition, et l'harmonie n'y est conçue que comme influence réciproque.

La liaison, d'ailleurs, n'est considérée comme absolue, ni dans la loi des connexions, ni dans la loi des corrélations : d'autant que chacune de ces deux lois, prise absolument, pourrait faire tort à l'autre. La conservation du type pourrait nécessiter l'existence d'organes d'ailleurs inutiles ; la conservation de l'individu pourrait nécessiter des dérogations à la forme typique.

Ainsi la vie, considérée comme totalité et harmonie, comme unité statique et dynamique, n'est pas l'objet d'une notion à priori. Le rapport qui l'unit aux propriétés physiques nous est donné par l'expérience et en partage les caractères.

Mais, si ce rapport n'est pas nécessaire en droit, ne peut-on soutenir, au point de vue même de l'expérience, qu'il est nécessaire en fait ? La vie n'est-elle pas partout répandue dans la nature ; et l'immobilité de la matière inorganique est-elle autre chose qu'un engourdissement et un sommeil ? Puisque cette matière se transforme en substance vivante, ne faut-il pas qu'elle participe déjà des propriétés vitales ?

Cette thèse se soutient sans doute si l'on mutile la définition de la vie, si on la réduit, par exemple, à l'idée de la croissance et de la conformation pures et simples, propriétés déjà inhérentes aux corps appelés bruts. Mais, considérée dans son tout, dans sa forme comme dans sa matière, la vie, ou création d'un ordre hiérarchique entre les parties, n'apparaît pas dans le monde physique proprement dit. Ce monde ne nous offre rien d'analogue à une cellule. Dira-t-on que la vie s'y trouve à l'état de puissance, et qu'elle n'attend, pour se manifester, que les conditions favorables ? Mais c'est précisément de la vie manifestée qu'il s'agit ici. Car, si la manifestation peut être une circonstance indifférente aux yeux du logicien qui ne considère que les concepts, elle est la circonstance capitale aux yeux du naturaliste qui considère les choses elles-mêmes.

Cependant, pour que l'apparition de la vie puisse être considérée comme nécessaire en fait, ne suffit-il pas que cette apparition ait toujours lieu, lorsque certaines conditions sont réalisées ?

Il ne peut être ici question que de conditions purement physiques. Car il y aurait cercle vicieux à déduire la vie, même par voie d'hétérogénie, d'une matière déjà organisée. Ainsi, pour soutenir cette doctrine, il faut pouvoir affirmer que les conditions au milieu desquelles la vie apparaît constamment (s'il est vrai que la vie ait ainsi des antécédents invariables) sont purement physiques, et quant à leurs éléments, et quant à leur mode de combinaison. Ce n'est pas tout. Comme un état de choses purement physique en lui-même peut être le résultat plus ou moins éloigné d'une intervention étrangère, laquelle, après avoir opéré dans l'ordre des phénomènes une déviation plus ou moins considérable, aurait laissé les choses reprendre leur cours normal, il faut prouver que les conditions au sein desquelles s'est manifestée la vie ont été amenées, si haut que l'on remonte dans l'échelle des causes, par des circonstances purement physiques. Il ne suffirait pas d'une expérience de laboratoire pour démontrer l'origine physique de la vie, parce qu'il resterait à savoir si le monde physique peut, par lui-même, créer des conditions analogues à celles que pose l'expérimentateur intelligent.

Et la matière vivante, dont l'apparition doit être ainsi expliquée, n'est pas simplement tel ou tel produit organique non organisé, comme l'urée, les éthers, les sucres, les alcools, l'acide acétique, l'acide formique, etc. : c'est le corps actif simple, l'élément capable d'assimilation et de désassimilation, le protoplasma, lequel se crée une enveloppe et une forme, devient un cellule, se nourrit, se développe, produit d'autres cellules. Car il est manifeste que l'être vivant a la faculté de créer des produits qui ne sont pas vivants comme lui, et d'accomplir des actes en partie et même de tout point physiques ou mécaniques ; de même que le monde physique et chimique donne naissance à une multitude de phénomènes purement mécaniques. Une cause ne se retrouve pas nécessairement tout entière dans ses effets. S'il arrivait que le produit organique dont on aurait expliqué physiquement la naissance fût au nombre de ceux à la formation desquels la vie, comme telle, ne contribue pas, et qui ne sont qu'un contre-coup éloigné et purement mécanique de l'impulsion vitale, il serait illégitime d'étendre cette explication physique à tous les actes physiologiques sans exception,

Enfin, ces difficultés vaincues, il reste à montrer que, la cellule étant donnée, tous les êtres vivants sont implicitement donnés du même coup, c'est-à-dire qu'ils dérivent tous de la cellule suivant une loi de nécessité; que les structures et les fonctions les plus complexes trouvent, dans cet organisme élémentaire, leur raison suffisante.

Or l'ensemble de ces démonstrations paraît dépasser invinciblement la portée de l'expérience. Comment rattacher, par un lien nécessaire, les conditions physiques des êtres vivants, notamment des êtres supérieurs, aux phénomènes du monde physique proprement dit? Comment prouver que nulle part les phénomènes physiques ne sont détournés du cours qui leur est propre par une intervention supérieure? Il est visible qu'il y a, au point de vue de la complexité, une grande disproportion entre les corps inorganiques les plus élevés et les corps organisés, même les plus élémentaires. De plus, cette complication physique singulière coïncide avec la présence de qualités nouvelles, d'un ordre tout différent et d'une perfection certainement plus grande. N'est-il pas vraisemblable que la révolution qui s'est produite au sein de la matière inorganisée pour former ces combinaisons inattendues a été déterminée précisément par les essences supérieures; que la vie a posé elle-même ses conditions physiques? Selon cette doctrine, il y aurait effectivement relation de cause à effet entre les conditions physiques et la vie, mais c'est la vie qui serait la cause.

Il n'est d'ailleurs pas nécessaire d'admettre que l'influence de la vie se fait sentir brusquement, et que le progrès se réalise par sauts. L'action du principe supérieur peut être plus ou moins insensible aux yeux de celui qui considère des moments de l'évolution très voisins l'un de l'autre. Il peut sembler alors que les forces physiques agissent seules. On conçoit aussi que, dans certains cas, le principe supérieur laisse, en quelque sorte, aux forces physiques le soin d'achever par elles-mêmes ce qu'il a une fois préparé, lorsque les forces physiques sont suffisantes pour cet objet. Dans ces cas, le passage des conditions au conditionné, au sein même de l'être vivant, serait purement physique, bien que la vie, comme telle, fût un principe spécial.

S'il en est ainsi, les éléments, la matière de la vie sont, il est vrai, exclusivement des forces physiques et chimiques ; mais ces matériaux ne restent pas bruts : ils sont ordonnés, harmonisés, disciplinés en quelque sorte par une intervention supérieure. La vie est, en ce sens, une véritable création.

Mais, si la vie n'est pas enchaînée aux agents physiques, ne porte-t-elle pas en quelque sorte la nécessité en elle-même ? N'obéit-elle pas à des lois spéciales, dites physiologiques, qui ne laissent que peu ou point de place à la contingence ?

Et d'abord, n'y a-t-il pas correspondance exacte entre les phénomènes physiologiques et les phénomènes physiques ? N'y a-t-il pas, par conséquent, au sein du monde vivant, un principe de liaison analogue à celui qui existe dans le monde physique ? Et, bien que la vie ne soit pas un phénomène physique, la part de contingence qu'elle admet n'est-elle pas exactement mesurée par celle que comporte le monde physique proprement dit ?

Il est sans doute vraisemblable que toute modification physiologique est liée à une modification physique déterminée. Mais, s'il est déjà difficile de comparer entre eux, au point de vue de la quantité, les phénomènes physiques ; et si l'on est réduit, quand on y cherche un élément scientifiquement déterminable, à en mesurer les conditions mécaniques : n'est-il pas plus difficile encore de trouver une unité de mesure physiologique, qui permette d'établir la correspondance du monde vivant et du monde physique, en ce qui concerne les rapports respectifs des phénomènes des deux ordres ? Comment ramener à une même unité spécifique la diversité des formes et des fonctions vitales ? Il faut pourtant avoir mesuré les variations respectives de deux quantités, pour pouvoir considérer l'une comme fonction de l'autre.

D'ailleurs, la vie n'est-elle pas souvent une lutte contre les forces physiques ; et ce phénomène se concevrait-il, si les fonctions vitales n'étaient que la traduction pure et simple des phénomènes physiques dans un autre langage ?

Enfin n'y a-t-il pas une disproportion infinie, surtout chez les êtres supérieurs, entre les changements physiologiques et les changements physiques correspondants ; par exemple, entre la transition physiologique de la vie à la mort et les conditions physiques de cette transition ? S'il est vrai que toute maladie soit une modification, non seulement physiologique, mais encore physique, cette modification, qui est un désordre au point de vue de la vie, en est-elle un au point de vue de la matière ?

On ne peut donc arguer de la correspondance qui existe entre les phénomènes vitaux et les phénomènes physiques pour étendre aux premiers le degré de nécessité qui subsiste dans la loi des seconds. Si l'ordre des phénomènes vitaux est nécessaire, c'est en eux-mêmes que résident la raison et la mesure de cette nécessité.

Les lois essentielles de la vie semblent être, comme les lois physiques et mathématiques, une expression appropriée de la formule : « Rien ne se perd, rien ne se crée. »

La loi des corrélations organiques suppose, entre les fonctions partielles et la fonction totale, une relation analogue à celle qui existe entre des forces concourantes et une résultante déterminée. Si l'une des forces concourantes est modifiée, la résultante ne pourra demeurer la même qu'au moyen de modifications corrélatives subies par les autres forces concourantes. De même, en physiologie, si une fonction partielle est modifiée, les autres le seront de manière que la fonction totale reste possible. La loi des corrélations peut donc se ramener à une loi plus simple, qui serait la permanence de la fonction totale, à travers tous les changements que peuvent subir les fonctions partielles.

Mais la fonction totale n'est pas seulement une fin en soi, elle est encore le moyen par où se réalise, soit une certaine forme, soit une certaine matière organisée.

Or la forme et la matière organiques semblent avoir aussi leur loi propre.

A la forme se rapporte la loi des connexions. Cette loi, qui a pour corollaire le balancement des organes, suppose, entre les formes partielles et la forme totale appelée type, une relation analogue à celle qui existe entre des volumes partiels et un volume total déterminé. Si l'un des volumes partiels est modifié, le volume total ne pourra demeurer le même que si les autres volumes partiels sont modifiés d'une manière correspondante. De même, en physiologie, si un organe est modifié, les autres seront, non pas supprimés, mais modifiés eux aussi, de manière que le type soit conservé. La loi des connexions peut donc se ramener à la permanence de la forme ou du type.

Quel est maintenant le rapport de ces deux lois entre elles ?

Si la loi des connexions était absolue, c'est-à-dire si la forme existait pour elle-même, cette loi pourrait, dans certains cas, aller contre la loi des corrélations, en nécessitant la présence d'organes d'ailleurs inutiles. Mais, si la forme n'existe que comme résultat des fonctions, si la loi des connexions est subordonnée à celle des corrélations, les organes devront tendre à suivre les variations des fonctions, décroître à mesure qu'elles s'affaiblissent, s'atrophier quand elles disparaissent. Or c'est précisément ce qui arrive : et ainsi on peut admettre que la loi des connexions rentre, en définitive, dans celle des corrélations.

Enfin la production de la matière organisée semble soumise à une loi analogue à celle de la matière brute. Il semble qu'il existe une quantité déterminée de matière vivante, et que cette quantité reste invariable, à travers le tourbillon vital. Peut-être, en effet, l'assimilation et la désassimilation se font-elles équilibre dans un ensemble suffisamment considérable. La statistique, à mesure qu'elle opère sur de plus larges bases, trouve, pour les naissances et pour les morts, des moyennes de plus en plus constantes, et de plus en plus voisines de l'égalité. Pour l'individu même, la vieillesse et la jeunesse, dans les conditions normales, semblent se balancer : la décadence vient rétablir l'équilibre, que la croissance avait rompu.

Cette loi, prise absolument, semble encore radicalement distincte de celle des corrélations, parce qu'elle peut impliquer ou exclure des fonctions d'ailleurs inutiles ou nécessaires au point de vue de l'action d'ensemble. Mais, si l'on admet que la matière organisée n'existe qu'en vertu de l'acte organisateur lui-même, la loi qui en concerne la production rentre, elle aussi, dans la loi des corrélations.

En somme, de ces trois lois, la première est la mieux établie et la plus permanente ; et, s'il arrive que les deux autres paraissent la contrarier et exister pour elles-mêmes, on peut admettre que ces divergences tiennent, en dernière analyse, à un manque d'unité et d'homogénéité dans la fonction totale ; au mélange, dans des proportions plus ou moins inégales, de divers modes d'organisation.

La loi suprême du monde vivant semble donc être la permanence des fonctions totales, c'est-à-dire du degré de l'organisation, et, par suite, la permanence des types et de la manière organique elle-même ; en un mot, la conservation de la vie.

Peut-on soutenir que cette loi n'implique pas la nécessité absolue des phénomènes biologiques, en alléguant que la conservation de l'énergie vitale ne préjuge pas le mode d'emploi de cette énergie?

Cette interprétation de la loi de conservation ne semble guère plus fondée en physiologie qu'en physique ou en mécanique. Les choses ne sont jamais données que sous une forme déterminée; et les déterminations, le mode d'emploi, n'en peuvent être modifiées, selon la loi de conservation elle-même, que par l'intervention de conditions nouvelles du même ordre, lesquelles altéreraient la moyenne, si elles ne faisaient pas, d'avance, partie du même système.

Le problème de la nécessité des lois, divers dans ses applications, demeure identique dans sa forme générale. En physiologie comme en physique ou en mathématiques, il faut en venir à le poser en ces termes : la permanence de la quantité donnée est-elle nécessaire ? Or, quelle réponse doit-on faire à cette question, en ce qui concerne la vie ?

On ne peut se fonder sur la définition même de la vie pour affirmer qu'il se conserve nécessairement la même somme d'énergie vitale dans l'univers. Car cette définition laisse indéterminé le nombre des êtres vivants, et elle admet un très grand nombre de degrés d'organisation.

On ne peut davantage invoquer un principe synthétique rationnel permettant de construire à priori la science physiologique. Car l'impossibilité d'une telle construction est manifeste ; et les termes qui constitueraient ce principe, pour avoir une apparence métaphysique, ne seraient jamais, dans leur acception utile à la science, que des données expérimentales.

Il ne reste qu'à consulter l'expérience elle-même, et à voir si elle garantit, en fait, la permanence de la quantité de vie. Mais il ne paraît pas qu'il en soit ainsi.

L'énergie vitale (même ramenée à des données expérimentales telles que la complication de l'organisation ou répartition du travail, la forme anatomique, et les propriétés de la matière organisée) est chose presque impossible à mesurer. Il entre dans ce concept une idée de qualité, de perfection, qui semble réfractaire au nombre. On ne pourrait dire, en effet, que la quantité d'énergie vitale demeurât constante, si, le même nombre de cellules se conservant, les organismes compliqués faisaient tous place à des organismes rudimentaires.

De plus, s'il est vrai qu'un grand nombre de faits manifestent la permanence des fonctions et des organismes, il faut reconnaître aussi que d'autres faits semblent impliquer des variations physiologiques plus ou moins profondes. N'est-il pas au pouvoir de l'homme de modifier, plus ou moins, certaines espèces végétales et animales, et d'y créer des variétés stables? La possibilité d'une éducation, même artificielle, ne montre-t-elle pas que les fonctions et les organes, considérés dans leur essence même, n'impliquent pas une immobilité absolue; et qu'ainsi la quantité de vie, si elle demeure sensiblement la même dans l'ensemble, ne demeure pas telle nécessairement?

Et, si l'on considère les êtres vivants laissés à eux-mêmes, ne semble-t-il pas qu'il y ait dans certains faits, tels que l'existence d'organes rudimentaires et actuellement inutiles, la disparition de certaines espèces, la perfection croissante des fossiles dans les terrains de formation de plus en plus récente, la marque d'une force de changement, de décadence ou de progrès, demeurant, au sein de la nature elle-même, à côté, au fond de la force de conservation?

Cette variabilité existe, dira-t-on, mais elle n'implique

aucune contingence, elle laisse subsister la nécessité. Ce n'est pas qu'elle ait sa source et sa base dans les lois du règne inorganique : il est exact que celui-ci ne fournit que les matériaux et les conditions du développement organique, et que ce développement a sa cause dans la nature propre des êtres vivants eux-mêmes. Mais c'est une loi inhérente à tout organisme, de se modifier lui-même, autant que le comporte sa structure, de manière à se mettre en harmonie avec le milieu dans lequel il doit vivre, et de conserver, d'accumuler en lui, de transmettre même à sa descendance les modifications ainsi survenues. Il existe, dans les êtres vivants, une puissance d'adaptation et une puissance d'habitude héréditaire. Il y a chez eux, à côté de la permanence, le changement, mais le changement nécessaire, déterminé par une loi immuable d'accommodation, et fixé dans l'habitude, qui, elle aussi, est une fatalité. Ces deux lois expliquent toutes les variations organiques qui ont pu ou peuvent se réaliser. Elles assignent à chacune d'elles un antécédent constant ; de sorte que les transformations les plus profondes apparaîtraient comme entièrement déterminées, si l'on connaissait l'ensemble des circonstances au milieu desquelles elles se produisent. Ainsi la nécessité règne dans le monde vivant comme dans le monde inorganique. La seule différence, c'est que la loi fondamentale est dans celui-ci une loi d'identité essentielle, dans celui-là une loi de changement radical ; dans l'un une loi statique, dans l'autre une loi dynamique.

Est-il admissible qu'une variabilité radicale se concilie avec un enchaînement nécessaire ?

S'il est illégitime de soutenir que, dans le monde inorganique, le changement, qui trahit la contingence, n'est qu'une illusion, et que la seule réalité est la formule mathématique qui demeure la même sous la variété des phénomènes, il ne n'est pas moins de ramener le changement à la nécessité lorsque, la matière n'étant presque plus rien, l'acte devenant presque tout, on pressent qu'on laisserait échapper la réalité elle-même, si l'on persistait à tenir le changement pour entièrement phénoménal. Les formules à l'aide desquelles on pense démontrer l'enchaînement nécessaire des phénomènes biologiques n'ont plus la précision de celles qui énoncent la conservation d'une quantité de force mécanique donnée. Le calcul s'applique mal à la mesure de la flexibilité et de l'habitude ; et l'on ne voit pas comment on pourrait, sur de pareils fondements, établir une science déductive, dénotant, entre les faits, des relations vraiment nécessaires. C'est qu'au fond ces principes, auxquels on donne l'apparence de lois nécessaires en les jetant violemment dans le moule des formules mécaniques et physiques, manquent des conditions requises pour constituer une loi positive ou rapport constant entre des faits, et expriment des rapports d'une autre nature.

Selon la loi d'adaptation, l'être vivant se modifie de manière à pouvoir subsister dans les conditions où il se trouve. Or le concept : « de manière à » est indéterminé dans une certaine mesure. Au point de vue positif, il peut y avoir plusieurs manières de réaliser une fin proposée avec des matériaux donnés ; et la méthode est indifférente, pourvu que la fin soit réalisée. Il est vrai que, selon le nombre ou la nature des conditions, le nombre des méthodes entre lesquelles on peut choisir sera de plus en plus restreint. Mais aussi l'expression « de manière à » est moins juste à mesure que le choix est plus limité ; et elle perdrait toute raison d'être, s'il ne restait plus qu'un parti possible ; car alors ce serait simplement en vertu des conditions posées que se réaliserait le phénomène : l'idée du résultat à obtenir n'interviendrait plus à titre de condition déterminante.

Si maintenant, ayant égard à la pluralité des moyens qu'implique toute finalité, on invoque, pour expliquer la préférence donnée à l'un d'eux, des considérations telles que le principe de moindre action, ou l'instinct de la beauté, ou le bien général, on quitte le terrain des sciences positives pour passer sur celui de la métaphysique ou de l'esthétique ; et on ne peut plus alléguer l'autorité de l'expérience.

Ce n'est pas tout. Le concept : « de manière à » établit un lien entre les conditions dans lesquelles se trouve un être vivant d'une part et la subsistance de cet être au milieu de ces conditions d'autre part, c'est-à-dire entre des faits réalisés et une fin à réaliser, entre des choses données et une chose simplement possible. Or le caractère idéal de ce second terme empêche encore d'admettre que la loi de l'adaptation soit une loi positive proprement dite, et implique la nécessité au sens où peuvent l'impliquer les lois de la physique ou de la chimie.

Enfin le concept « exister » lui-même laisse place à quelque indétermination. Car il y a, pour un être complexe, plusieurs modes d'existence, selon qu'il développe plus ou moins telle ou telle de ses facultés. Le développement des diverses facultés peut être plus ou moins égal ou plus ou moins harmonieux. L'harmonie elle-même peut s'entendre de plusieurs manières, selon que toutes les facultés seront mises au même rang ou que certaines facultés seront mises au-dessus des autres. Quel sera, de tous ces modes d'existences, celui qui constituera le but de l'adaptation ?

Le principe de l'habitude héréditaire ne satisfait pas davantage aux conditions d'une loi positive. Selon ce principe, des modifications primitivement accidentelles peuvent, sous l'influence de certaines circonstances, telles que le milieu physique, la concurrence vitale, la sélection sexuelle, et, en dernière analyse, l'énergie, la continuité ou la répétition de certains actes, devenir finalement essentielles et passer de l'individu à l'espèce. Sans examiner la nature des circonstances qui sont mentionnées comme déterminant les habitudes, et qui, vraisemblablement, ne sont pas toutes purement physiques, on peut remarquer que l'habitude n'est pas un fait, mais une disposition à réaliser certains faits, et, en ce sens, ne peut trouver place dans la formule d'une loi positive.

De plus, l'habitude est considérée ici comme entraînant une modification dans la nature même, dans l'essence de l'individu. Or les lois positives proprement dites sont les rapports qui dérivent, en dernière analyse, de la nature des choses considérée comme constante. Elles ne précèdent pas les êtres, elles expriment simplement les conséquences de leur action réciproque. Elles peuvent, sans doute, dans la démonstration scientifique, être considérées comme régissant les faits de détail, en tant qu'ils sont liés à la nature des êtres, c'est-à-dire aux faits généraux; mais elles restent, en définitive, subordonnées aux faits généraux, qui en sont le fondement. Admettre que les faits les plus généraux eux-mêmes varient, c'est admettre que les lois varient; ou bien, si l'on pense être en possession d'une loi qui explique ces variations elles-mêmes, cette loi n'est plus une loi positive, puisqu'elle est posée avant tous les faits. Le seul moyen de légitimer l'assimilation de l'habitude héréditaire aux lois positives, serait de rattacher la formation et la conservation de cette tendance aux lois plus générales de la physique et de la chimie. De la sorte, la variabilité physiologique s'appuierait sur un fondement relativement stable. Posée en apparence avant les phénomènes, en tant que ceux-ci seraient considérés comme proprement physiologiques, cette loi serait en réalité postérieure à leurs conditions fondamentales, en tant que les phénomènes physiologiques rentreraient, comme cas particulier, dans les phénomènes physiques. Mais la loi de l'habitude héréditaire a précisément pour objet de remédier à l'insuffisance des lois physiques proprement dites en matière physiologique ; et la propriété qu'elle énonce est effectivement en opposition directe avec les principes fondamentaux de la physique et de la chimie, suivant lesquels la nature d'un corps est déterminée une fois pour toutes. Un cas particulier peut sans doute être la négation d'un autre cas particulier, comme tel, mais non pas la négation du cas général lui-même. C'est donc à titre de loi physiologique proprement dite, et de loi fondamentale, que l'habitude héréditaire doit concourir à l'explication du monde vivant ; et, dans ces termes, elle ne peut être considérée comme une loi positive.

En résumé, le mode de l'organisation semble varier, non seulement chez l'individu, mais même, jusqu'à un certain point, dans l'espèce ; et ces variations ne sont pas indifférentes, mais constituent, soit une décadence, soit, plus souvent peut-être, un perfectionnement. On peut donc penser que la quantité de vie ne demeure pas constante dans l'univers ; et que la nature des phénomènes physiologiques n'est pas entièrement déterminée par les lois qui leur sont propres.

Et, en effet, s'il est vrai que l'enchaînement des phénomènes physiques proprement dits, conditions des phénomènes physiologiques, ne soit pas fatal, est-il inadmissible que le monde vivant profite de cette indétermination ; que les êtres organisés, doués par eux-mêmes d'une certaine mobilité, d'une faculté de développement et de progrès, parviennent à profiter de ces dons de la nature et à se déployer en tout sens, grâce à l'élasticité même du tissu des conditions physiques ?

On peut concevoir d'ailleurs que l'intervention de la vie dans le cours des choses physiques ne soit pas brusque et violente, mais imperceptible et continue ; de telle sorte qu'il soit pratiquement impossible de déterminer le point où les phénomènes physiques cessent d'exister uniquement par eux-mêmes et pour eux-mêmes, et commencent à être élaborés par des formes supérieures, dont ils deviennent les instruments.

CHAPITRE VII

DE L'HOMME

C'est une règle de la science de supposer le moins de causes possible, et, lorsque surviennent de nouveaux faits à expliquer, de les rapprocher des causes déjà connues, pour voir s'ils en dépendent, avant d'admettre l'existence d'une cause nouvelle. Or, une fois en possession des concepts et des lois de l'être, des genres, de la matière, des corps et de la vie, l'esprit n'est-il pas en mesure de tout expliquer, et n'a-t-il pas achevé la liste trop longue des postulats de la science ?

Tout ce que le monde offre à l'esprit est en effet explicable par ces principes, si l'homme y peut rentrer. Car en dehors des formes de l'être auxquelles ces principes s'appliquent immédiatement, il ne reste d'autre objet donné dans l'expérience que la nature humaine.

Notre premier sentiment est, sans doute, qu'il existe une différence radicale entre l'homme, doué de raison et de langage, et le reste des êtres vivants. Mais la comparaison et l'induction ne viennent-elles pas infirmer cette croyance ? Ne voyons-nous pas la nature humaine présenter, dans le passé et dans le présent, une série de dégradations qui la rapprochent des êtres inférieurs ? Ne peut-on pas dire que, chez l'homme le plus élevé, les facultés que nous admirons, si nous en recherchons la genèse, ne nous apparaissent pas comme des qualités irréductibles ; qu'elles dérivent au contraire de facultés plus simples, et finalement se ramènent, suivant une loi naturelle qu'il n'est peut-être pas impossible de conjecturer, à des pouvoirs élémentaires inhérents à tout être vivant, tels que la faculté de répondre par une action réflexe automatique à l'action des choses extérieures ? La sensation est-elle autre chose que le choc des influences extérieures contre nos tendances propres, plus ou moins incomplètement ajustées à ces influences ? Ne s'évanouit-elle pas lorsque l'adaptation est complète, comme dans l'habitude, ou lorsque l'excitation est très faible, comme dans le sommeil ? La pensée est-elle autre chose que la reproduction interne des phénomènes extérieurs, classés suivant la constance de leurs liaisons ? Et cette reproduction n'est-elle pas l'œuvre des phénomènes eux-mêmes, qui viennent un à un déposer leur empreinte sur une cire d'une fermeté convenable pour la recevoir et la conserver ? La volonté enfin est-elle autre chose que l'ensemble de nos tendances, soit primitives, soit acquises, entrant en activité sous l'influence d'un stimulant extérieur, et mettant à leur tour leur marque sur les choses ? Quant à la conscience du libre arbitre, est-elle autre chose que le sentiment d'être nous-mêmes la cause de nos actes (sentiment fondé, car nos tendances, c'est nous-mêmes), joint à la perception d'un conflit entre nos désirs, et à l'ignorance d'une partie des causes qui en déterminent l'issue ?

Toute l'activité psychologique semble donc pouvoir se ramener à l'action réflexe. Mais celle-ci n'existe-t-elle pas déjà dans le monde physiologique ? N'est-elle pas la fonction de tout organisme ? N'acquiert-elle pas, surtout dans les organismes supérieurs, une complication, une coordination et une puissance d'adaptation singulières ?

Dès lors est-il nécessaire d'admettre un nouveau principe pour expliquer l'homme ? Ses facultés même les plus relevées ne sont-elles pas, au fond, des propriétés physiologiques devenues de plus en plus spéciales, en vertu de la loi générale de la différenciation? N'est-ce pas à la physiologie qu'il faut demander l'explication des phénomènes psychologiques? N'est-il pas inutile, illégitime et dangereux de prétendre constituer la psychologie comme une science distincte, n'ayant avec la physiologie d'autres rapports que ceux qui peuvent exister, par exemple, entre la physiologie et la physique?

Il paraît sans doute établi que tout phénomène psychologique, dans la vie présente, a sa condition d'existence dans des phénomènes physiologiques déterminés ; et ainsi il est légitime de rechercher les conditions physiologiques de la vie psychique, aussi bien que les conditions psychiques de la vie organique, ou les conditions mécaniques des transformations physiques. Mais cette recherche, si avancée qu'on la suppose, peut-elle aboutir à l'absorption de la psychologie dans la physiologie?

Dans tous les phénomènes psychologiques se retrouve, à des degrés divers, un élément que les théories de l'action réflexe ou même de la sensation transformée prennent pour accordé sans l'expliquer : la conscience de soi-même, la réflexion sur ses propres manières d'être, la personnalité. Tout phénomène psychologique est ou peut être un état de conscience.

Cet élément, la sensation le contient déjà ; et ainsi c'est supposer ce qui est en question que de construire les facultés de l'âme au moyen de la sensation.

Quant à l'action réflexe, est-elle capable d'engendrer la conscience, par voie de développement analytique? Peut-on, décomposant la conscience en ses éléments, montrer qu'ils sont tous contenus dans l'action réflexe, et que la loi de leur combinaison y est également contenue?

Dira-t-on que l'acte de conscience est la perception d'une différence ? Mais la perception suppose un sujet pensant.

Dira-t-on que la conscience ne diffère des phénomènes physiques que par l'absence de simultanéité dans les états ; que, d'ailleurs, l'ordre successif, commun aux phénomènes psychologiques et aux phénomènes physiologiques, range les uns et les autres dans le même genre ? Mais pourquoi la succession pure et simple impliquerait-elle le sentiment de soi-même, tandis que la succession jointe à la simultanéité l'exclurait ?

La conscience est-elle une accumulation de force vitale, due aux excitations venues du dehors et à la centralisation du système organique ? Mais comment la force vitale acquerrait-elle, en s'accumulant, une propriété qu'elle ne manifeste à aucun degré quand elle est à l'état de dispersion ?

La conscience n'est-elle que le conflit de forces externes avec les tendances de l'organisme ? Mais pourquoi ce conflit produit-il la conscience, tandis que le choc d'un corps contre un autre ne la produit pas ?

En somme, on ne sort pas de cette alternative : ou bien on introduit artificiellement la conscience dans le fait organique d'où il s'agit de la déduire ; ou bien, prenant tout d'abord la conscience telle qu'elle est, on se trouve dans l'impossibilité de la ramener, par une marche entièrement analytique, à un fait purement organique.

A vrai dire, ce qu'on analyse ici, sous le nom de conscience, ce n'est pas la conscience elle-même, ce sont, ou ses conditions, ou son objet. Ses conditions forment un ensemble complexe, réductible peut-être, en tout ou en partie, à des éléments physiologiques et physiques. De même, son objet (sensations, pensées, désirs), considéré en lui-même, forme un ensemble complexe, qui peut présenter, avec la succession des faits physiologiques, un parallélisme plus ou moins exact. Mais la conscience elle-même est une donnée irréductible, que l'on obscurcit en l'expliquant, que l'on détruit en l'analysant. Chercher le détail des éléments de la conscience afin de les opposer ou de les rattacher aux éléments des fonctions inférieures, c'est perdre de vue la conscience elle-même, pour considérer ses matériaux ou son œuvre. La conscience n'est pas un phénomène, une propriété, une fonction même : c'est un acte, une transformation de données externes en données internes, une sorte de moule vivant où viennent successivement se métamorphoser les phénomènes, où le monde entier peut trouver place, en perdant sa substance et sa forme propres pour revêtir une forme idéale, à la fois dissemblable et analogue à sa nature réelle. La conscience est le principe d'une élaboration des phénomènes tellement profonde, que la connaissance des transformations préalables n'en pourrait jamais donner l'idée. En un sens, elle n'ajoute rien à l'être, puisque les choses n'en seraient pas moins, pour n'être pas aperçues dans une conscience. En un autre sens, c'est elle qui fait être; car la personne consciente, forme éminente de l'être, n'attribue de réalité qu'à ce qui entre ou peut entrer dans sa conscience. D'une part, l'action réflexe ne perd rien de son essence, pour n'être pas l'objet d'une aperception interne ; et les combinaisons les plus complexes d'actions réflexes différentes se peuvent concevoir sans y faire entrer la conscience, comme élément intégrant. Tant qu'il s'agit d'actions réflexes, il s'agit de choses connues, non de personnes connaissantes. D'autre part, la conscience, en apparaissant, n'éclaire nullement les actions réflexes elles-mêmes ; car elle ne nous révèle pas ce qui se passe dans notre organisme, au sens propre du mot. Elle suscite des phénomènes complètement hétérogènes, qui, pour être liés de quelque façon aux phénomènes physiologiques et en reproduire plus ou moins exactement, à leur manière, l'ordre d'existence, n'en forment pas moins, en eux-mêmes, un monde à part, et (ce qu'on ne pourrait prévoir en considérant uniquement la complication des actions réflexes) un monde fermé aux autres consciences.

Il n'importe peu d'ailleurs que l'on puisse trouver, dans la sensation, la pensée et le désir, des éléments qui permettent de les mettre en parallèle avec les phénomènes physiologiques. Ce qui est sans analogue en physiologie, c'est la conscience de la sensation, de la pensée, du désir. De même, l'existence de degrés dans la conscience est ici indifférente. Le rapport des phénomènes avec un moi est tout ce qu'il faut entendre par la conscience proprement dite. C'est ce rapport qui donne à la sensation, à la pensée, au désir, une forme spéciale et nouvelle.

Ainsi, c'est aller contre l'essence même de la conscience, que d'essayer de s'en rendre compte, par voie de construction analytique, en combinant les actions réflexes suivant les lois qui leur sont propres. Rien ne serait, à ce compte, plus complexe que la conscience. Il semble, au contraire, que rien ne soit plus simple, et que nulle part la nature ne s'approche autant de ce terme idéal : l'unité dans la perfection. La conscience n'est pas une spécialisation, un développement, un perfectionnement même des fonctions physiologiques. Ce n'en est pas non plus une face ou une résultante. C'est un élément nouveau, une création. L'homme, qui est doué de conscience, est plus qu'un être vivant. En tant qu'il est une personne, en tant qu'à tout le moins son développement naturel aboutit à la personnalité, il possède une perfection à laquelle ne peuvent s'élever les êtres qui ne sont que des organismes individuels. La forme dans laquelle la conscience est superposée à la vie est une synthèse absolue, une addition d'éléments radicalement hétérogènes : la liaion qu'elle implique est donc contingente, au point de vue logique du moins.

Peut-on maintenant soutenir que cette liaison est un acte de la raison elle-même, qui, partant du concept de la vie et l'enrichissant suivant une loi transcendante, en forme la conscience, comme un effet nécessaire ?

Ce recours à la raison serait justifié s'il s'agissait d'une conscience absolument une dans son sujet et dans son objet, et par conséquent irréductible aux données de l'expérience. Mais la conscience dont il s'agit en psychologie est individuelle et admet la pluralité des sujets; de plus, en chaque individu, elle se ramifie en quelque sorte, selon la multiplicité des objets auxquels elle s'applique, et pénètre de toutes parts le champ varié de l'expérience. Or l'existence de la conscience, ainsi entendue, ne peut nous être révélée par l'entendement à priori, qui ignore la distinction des individus et l'infinie variété des phénomènes : elle est, au contraire, l'objet immédiat de la conscience empirique elle-même; en d'autres termes, elle appartient encore à l'expérience. On ne peut donc arguer de la manière dont nous connaissons la nature de la conscience pour en considérer la réalisation comme nécessaire en droit.

Peut-on enfin, se fondant sur l'expérience elle-même, soutenir que le rapport de la conscience à la vie est nécessaire en fait ?

Il ne suffit pas, pour prouver cette thèse, de montrer que la conscience apparaît constamment, lorsque sont réalisées dans l'organisme certaines conditions que l'on réussit plus ou moins à définir. Car il reste à savoir si ces conditions n'ont pas été suscitées par la conscience elle-même : hypothèse admissible, si les lois de la vie sont contingentes. L'uniformité de coexistence, si elle manifeste un rapport de causalité, n'indique pas lequel des deux termes est cause de l'autre.

Il faudrait donc pouvoir expliquer tous les phénomènes nerveux qui paraissent être les conditions de la conscience par les seules lois de la physiologie générale ; or cette prétention paraît téméraire. L'étude approfondie de l'innervation semble mettre de plus en plus cette fonction hors de pair. L'excitation et la décharge nerveuses, la propriété inhérente aux cellules nerveuses de conserver pendant un certain temps l'impression des agents extérieurs ; la transmission de cette sorte de phosphorescence à des groupes de cellules non impressionnés par l'objet même, qui se mettent à vibrer à l'unisson et propagent à leur tour l'excitation : tous ces faits sont en général considérés comme hors de proportion avec les propriétés vitales élémentaires, telles que la nutrition, le développement et la génération, et même avec la puissance de contraction qui pourtant dépasse déjà les propriétés générales. Il semble y avoir, entre l'innervation et les propriétés physiologiques élémentaires, un rapport analogue à celui qui existe entre les conditions mécaniques des phénomènes physiques et chimiques et les formes purement mathématiques. Un examen attentif révèle l'existence d'un hiatus en quelque sorte infranchissable entre les synthèses analytiques les plus complexes d'une forme donnée n'existant que pour elle-même, et les cas particuliers en présence desquels on se trouve, quand on observe des phénomènes qui, tout en étant des modes de cette forme, jouent le rôle de conditions par rapport à une forme supérieure. L'observateur, constatant l'identité générique actuelle des uns et des autres phénomènes, suppose instinctivement qu'ils ont une même origine ; et pourtant chaque explication de la matière propre d'une forme supérieure, essayée d'après cette hypothèse, se trouve être superficielle, peu rigoureuse, insuffisante. Mécompte inévitable, si une intervention supérieure est venue détourner les choses du cours qui leur est propre; et cela, non pas brusquement, mais insensiblement; non pas d'un bout à l'autre de l'évolution, mais à l'origine seulement.

Il y aurait pourtant lieu de croire que cette divergence des fonctions nerveuses par rapport aux propriétés physiologiques générales n'est qu'apparente, si les êtres doués d'un système nerveux ne différaient d'ailleurs que par le degré de ceux qui en sont dépourvus. Mais la présence d'un tel système coïncide avec l'apparition de la conscience, faculté supérieure à toutes les fonctions vitales. Dès lors, n'est-il pas permis de penser que, si la conscience apparaît toujours lorsque certaines conditions physiologiques sont posées, c'est qu'elle-même pose ces conditions, sans lesquelles elle ne pourrait se manifester ? Si l'aurore annonce le soleil, c'est qu'elle en émane.

Mais peut-être n'est-il pas réservé à certaines conditions physiologiques spéciales de rendre la conscience possible. Peut-être un commencement de conscience est-il déjà lié aux propriétés vitales essentielles, en sorte qu'il n'y ait qu'une différence de degré entre les organismes inférieurs et les organismes supérieurs. Il y aurait ainsi quelque conscience jusque dans la cellule; et il ne s'agirait, pour créer une conscience humaine, que de spécialiser, de diversifier, d'organiser les consciences propres aux cellules.

Lors même qu'un rudiment de conscience appartiendrait à chaque cellule, il n'en resterait pas moins que la conscience, ou sentiment de sa propre existence, est irréductible aux propriétés physiologiques proprement dites, et n'a pas en elles son origine. Dans la cellule, comme dans les organismes supérieurs, la présence de la conscience serait contingente. Mais est-on fondé à croire qu'une telle faculté existe dans les organismes inférieurs ?

On alléguera, pour soutenir cette thèse, un grand nombre

de faits, empruntés même à l'observation des infusoires et des plantes. Le polype d'eau douce, par exemple, attire à lui les infusoires vivants et les végétaux, en produisant avec ses bras une sorte de tourbillon, et laisse de côté les êtres morts ou inorganiques. On voit des plantes choisir, semble-t-il, des points d'appui, frémir sous l'attouchement des insectes et les saisir. Mille faits de ce genre semblent prouver que, dans les organismes les plus élémentaires, l'action du dehors peut produire une excitation interne, et que cette excitation peut engendrer un mouvement réflexe adapté aux besoins de l'être vivant. Or l'excitation et le choix du parti convenable ne sont-ils pas des signes de conscience?

Il est douteux que l'excitation et le mouvement réflexe soient toujours accompagnés de conscience : car il se produit en nous beaucoup d'excitations et d'actions réflexes qui ne passent pas par le moi. Quant à la convenance de l'acte, elle constitue ce qu'on appelle la finalité. Or la finalité, en admettant que, dans les faits allégués, elle ne se ramène pas au mécanisme, suppose-t-elle nécessairement la conscience chez l'être en qui elle se manifeste? Avons-nous conscience de l'acte par lequel la constitution physique, chimique et physiologique de nos organes s'adapte aux fonctions qu'ils doivent remplir?

Mais, dira-t-on, le genre de conscience qui paraît absent des fonctions physiologiques consiste dans la distinction claire du sujet et de l'objet. Or cette manière d'entendre la conscience est trop étroite. La conscience comporte une infinité de degrés, depuis l'état parfait qui caractérise la vie réfléchie jusqu'à l'abolition apparente qui se produit dans le sommeil. D'ordinaire le réveil ne trouve pas notre esprit vide, mais occupé d'idées plus ou moins différentes de celles qui l'occupaient la veille. L'attention, l'accumulation rendent distinctes des perceptions d'abord insensibles. Ce qui multiplié, devient manifeste, n'était pas nul. C'est précisément une conscience sourde de ce genre qui existe chez les êtres inférieurs.

Cette déduction implique une altération profonde du concept de la conscience.

Tant qu'il s'agit de l'homme, la conscience, fût-elle réduite à son minimum d'intensité, est toujours l'acte par lequel une multiplicité et une diversité d'états sont rattachés à un moi et à un seul, l'appropriation des phénomènes à un sujet permanent. Ce qui varie, c'est la clarté de la perception, ce n'est pas l'unité du moi.

Mais, quand il s'agit des êtres inférieurs, de leur irritabilité, et de la finalité de leurs actes, la conscience n'est plus, et ne peut plus être l'attribution de différentes sensations à un moi unique. Car l'unité de la conscience a pour condition la comparaison entre les sensations : et cette comparaison suppose, à son tour, un centre où aboutissent les impressions causées par différents objets. La conscience que l'on attribue aux êtres inférieurs ne peut être que la sensation, la pensée et la tendance pures et simples, considérées comme susceptibles d'exister sans être perçues par un moi.

Or, ainsi réduite à sa valeur réelle, la conscience que l'on attribue aux êtres inférieurs présente, avec la conscience humaine, plus qu'une différence de degré. Ce n'est plus un moi concentrant en lui et comparant une multiplicité et une diversité : c'est un agrégat de sensations conscientes, sans lien entre elles. Tandis que la conscience humaine n'admet qu'une sensation à la fois, ces agrégats comportent, et des sensations successives, et des sensations simultanées. Quant à la cellule ou élément anatomique simple, le genre d'unité que peut posséder sa conscience se distingue radicalement de l'unité de conscience proprement dite. Car, en vertu même de sa simplicité organique, la cellule ne peut avoir que des sensations d'une seule et même qualité. Les seules différences qui puissent se produire dans cette conscience sont des différences de quantité, d'intensité. Or l'unité de conscience est précisément l'attribut du sujet qui compare entre elles des qualités différentes. Ce n'est que dans cette comparaison que le sujet se sent et s'oppose aux choses extérieures.

Dès lors, comment concevoir que la conscience humaine dérive de la conscience attribuée à la cellule ?

Dira-t-on que la conscience personnelle n'est qu'une résultante définitive de consciences élémentaires; que les sensations, les pensées et les désirs sont ces consciences elles-mêmes; et que, leur combinaison ayant une fois engendré une résultante ou conscience personnelle, les sensations nouvelles sont en dedans ou en dehors du moi, c'est-à-dire deviennent perceptions ou demeurent sensations, selon qu'elles sont ou ne sont pas mises en rapport avec cette résultante?

Mais, les consciences élémentaires ne possédant même pas le germe de l'unité qui caractérise la conscience personnelle, on ne voit pas comment celle-ci pourrait résulter de la combinaison de celles-là. De plus, on ne comprend pas comment plusieurs consciences pourraient ainsi se fondre en des consciences de plus en plus élevées. Il semble en effet qu'il soit de la définition de la conscience d'être fermée aux autres consciences. Si l'on objecte que cette propriété appartient exclusivement à la conscience d'un moi, mais non à des consciences dépourvues d'unité, on rend insaisissable le concept de ces consciences élémentaires; et leur hétérogénéité, par rapport à la conscience personnelle, devient plus radicale encore.

Dira-t-on que la conscience personnelle est un agrégat de consciences élémentaires?

En ce cas, on renonce à en expliquer l'unité. De plus, si

les éléments de la conscience totale appartiennent en propre à chaque cellule ; comme cet ensemble de consciences inférieures est entièrement renouvelé au bout d'un certain nombre d'années, on ne comprend pas pourquoi la conscience qui est censée les résumer subsiste après elles.

Dira-t-on enfin que c'est la conscience inhérente à une seule cellule qui se trouve portée à un très haut degré de développement par ses rapports avec les autres cellules ?

Cette explication pourrait être suffisante s'il ne s'agissait que d'une différence d'intensité. Mais il s'agit d'une différence de nature. Il s'agit aussi de la permanence de la conscience à travers le tourbillon vital. Or, malgré leur rôle de récepteur général, les cellules du cerveau ne présentent, comparées aux autres cellules, qu'une différence de degré, insuffisante pour rendre compte de la différence générique qui existerait, dans cette hypothèse, entre leurs propriétés et celles des autres cellules. En présence d'éléments anatomiques presque semblables remplissant des fonctions aussi disproportionnées, on ne peut voir dans la matière qu'un instrument, manié par des puissances inégales.

En somme, la conscience que l'on attribue aux cellules n'a qu'une ressemblance de nom avec la conscience personnelle. Radicalement dépourvue d'unité subjective, elle ne peut, quelque complication qu'on lui suppose, rendre compte de la perception des différences qualitatives, qui est l'attribut du moi. Dès lors, il convient d'écarter un mot qui peut entraîner une confusion, et de dire qu'il s'agit simplement de sensations, de pensées et de tendances inconscientes. Jusqu'à quel point de tels phénomènes sont-ils concevables ; que reste-t-il de la sensation, de la pensée et du désir, abstraction faite de ce moi, qui, chez l'homme, en paraît la substance ; en quoi ces manières d'être inconscientes se distinguent-elles de l'excitation, du mouvement réflexe et de l'adaptation pures et simples, c'est un point qui n'a plus qu'une importance secondaire, du moment où le moi lui-même n'est plus en cause, et où il ne s'agit que de propriétés radicalement inférieures aux phénomènes psychologiques proprement dits.

Il reste donc établi que la conscience personnelle n'est pas inhérente à tous les êtres vivants, mais n'existe que là où nous voyons une organisation physiologique spéciale. Si cette organisation s'est produite suivant les lois physiologiques livrées à elles-mêmes, sans intervention d'un principe supérieur, il ne s'ensuit sans doute pas que la conscience en soit un effet, puisqu'elle contient quelque chose de plus que la vie; mais, dans ce cas, l'apparition de la conscience est nécessaire dans la mesure où elle est liée aux phénomènes physiologiques qui l'accompagnent. Si, au contraire, on peut admettre que les propriétés vitales qui sont les conditions de la conscience ne sont pas explicables entièrement par les lois générales de la vie : il est vraisemblable que la conscience elle-même intervient dans la réalisation de ces propriétés; et qu'elle se réalise, en ce sens, d'une manière contingente, bien qu'elle soit liée, dans le monde actuel, à des conditions physiques déterminées.

La création de l'homme, être conscient, ne s'explique donc pas par le seul jeu des lois physiques et physiologiques. Son existence et ses actes imposent à la nature des modifications dont elle-même ne peut rendre compte, et qui apparaissent comme contingentes, si l'on se place au point de vue du monde physique et du monde physiologique.

Qu'importe à l'homme, cependant, de disposer plus ou moins des choses, s'il retrouve la fatalité au dedans de lui; si ses sentiments, ses idées, ses résolutions, sa vie intime, en un mot, sont gouvernés par une loi spéciale, qui les déter-

7.

mine d'une façon nécessaire ? L'indépendance du monde pensant par rapport aux mondes inférieurs peut-elle toucher l'individu, si tous ses actes sont impliqués fatalement dans le système des faits psychologiques ; si, par rapport à ce système, il n'est qu'une goutte d'eau emportée par un torrent irrésistible ?

Or tout être n'a-t-il pas sa loi, et les phénomènes de conscience ne doivent-ils pas présenter, comme les autres ordres de phénomènes, des rapports de dépendance réciproque ?

On est sans doute porté tout d'abord à considérer l'âme comme une puissance entièrement spontanée ; chacun de ses actes semble trouver en elle seule, et non dans les phénomènes concomitants, sa raison aussi bien que sa cause. Les phénomènes psychologiques ne défient-ils pas le calcul ? Peut-on prédire ce que fera telle personne dans telles circonstances ?

Bientôt, cependant, une étude plus attentive fait découvrir des successions psychologiques uniformes, du moins en ce qui concerne les sentiments et les pensées.

Longtemps la volonté demeure réfractaire à la science, et offre à la doctrine de la contingence un retranchement qui paraît inexpugnable. Mais le progrès de l'observation et de la comparaison révèle l'existence de lois de nature politiques et sociales. L'histoire nous montre les diverses sociétés naissant, se développant, dépérissant d'une manière analogue. Elle dégage de la variété des littératures et des institutions une forme générale de l'activité humaine, qui paraît constante. Les sciences exactes revendiquent à leur tour une part dans l'étude des phénomènes moraux et sociaux, et déterminent, à cet égard, un type moyen qui demeure sensiblement immuable. La statistique soumet au calcul, avec succès, les produits de la volonté de l'homme, aussi bien que les produits des forces physiques, en opérant sur de grandes masses.

On voudrait pouvoir faire ici une différence entre l'ensemble et les individus, et réserver la spontanéité de ceux-ci, en alléguant que, dans les mathématiques abstraites, on trouve des lois fixes, dites lois des *grands nombres*, pour des ensembles de cas dont chacun, pris isolément, est supposé fortuit, et en concluant de là que la détermination de l'ensemble ne préjuge pas celle des détails. Mais le hasard que se donne le mathématicien n'est qu'une fiction. En fait, tout a sa raison d'être. Si les actes humains, pris un à un, semblent se produire au hasard, c'est qu'il y a une infinité de causes particulières qui viennent contrarier les causes générales dont on étudie l'influence, et que, ces causes particulières manquant complètement de convergence, il n'y a pas de loi pour leur action réunie. C'est précisément cette annulation réciproque de certaines causes qui en dégage et manifeste certaines autres. D'ailleurs, l'observation directe des groupes particuliers et des individus limite de plus en plus la part que la statistique générale paraît laisser au hasard. Il est vraisemblable que l'on pourrait trouver une moyenne constante pour les actes d'un individu comme pour ceux d'une société. Mieux on connaît un homme, plus sûrement, d'ordinaire, l'on explique et l'on prévoit sa conduite. S'il reste de l'incertitude, c'est, peut-on dire, parce qu'il manque des données. Admettra-t-on que le temps qu'il fait se produise d'une manière contingente, parce qu'on ne le peut prévoir à coup sûr?

Quelle peut être la formule générale des lois psychologiques?

Le procédé le plus scientifique pour déterminer cette formule est, à première vue, de remonter aux conditions physiques et mécaniques des états de conscience. Ne peut-on dire, par exemple, que l'expérience manifeste un rapport constant entre les modifications physiques du corps et les modifications de l'âme; que les deux ordres de phénomènes existent, croissent et décroissent en même temps et dans des proportions analogues? Ne peut-on, appliquant à l'âme la loi générale de la corrélation des forces, conjecturer qu'il existe un équivalent mécanique de la sensation, de la pensée, de la volonté, aussi bien que de la chaleur ou de l'action chimique? De la sorte, la nécessité physique elle-même serait la racine de la nécessité psychologique.

L'analogie qui peut exister entre le développement psychologique et le développement physique ne justifierait pas l'hypothèse d'une transformation des phénomènes mécaniques en phénomènes psychologiques, puisque aussi bien le mouvement ne se transforme même pas en chaleur proprement dite, mais en constitue simplement la condition, la base matérielle. Cependant elle semble indiquer que le monde pensant n'est qu'une sorte de doublure interne d'une partie du monde mécanique. Elle fait supposer qu'au fond il existe entre la pensée et les mouvements concomitants un exact parallélisme. Elle porte à croire que l'on pourra trouver des formules permettant d'expliquer et de prévoir les phénomènes psychologiques par la seule considération de leurs conditions mécaniques.

Cette entreprise serait légitime, si l'on pouvait mesurer, en elles-mêmes, les variations psychiques correspondant aux variations mécaniques.

Or, pour mesurer les manifestations de l'âme d'une manière complète, il faudrait convertir la diversité des phénomènes psychologiques en quantités homogènes, c'est-à-dire, par exemple, en quantités d'énergie psychique. Mais est-il possible de ramener ainsi à une même unité de mesure la diversité des qualités de l'âme?

Avant d'aborder ce problème, il faudrait évidemment commencer par étudier les variations mécaniques correspondant aux variations d'une même qualité psychique. Supposons que l'on étudie à ce point de vue le souvenir. On aurait à dresser le tableau suivant, S étant une quantité de souvenir et Q une quantité de mouvement ; S_1, S_2 étant des

$$\begin{array}{c|c} S_1 & Q_1 \\ S_2 & Q_2 \\ \cdot & \cdot \\ \cdot & \cdot \\ \cdot & \cdot \end{array}$$

valeurs particulières données de S, et Q_1, Q_2 les valeurs correspondantes de Q :

De là on déduirait $S = f(Q)$.

Mais comment se donner S_1, S_2, etc.? Le souvenir, pas plus que l'âme elle-même, n'est une qualité simple. Il embrasse la netteté, la vivacité, la complexité, l'exactitude, la précision, l'éloignement dans le passé, le sentiment de l'identité personnelle, la conscience d'avoir déjà conçu l'idée en question, etc. La valeur du souvenir est déterminée précisément par la présence, l'absence et les degrés de ces diverses qualités. Il faudrait donc renoncer à mesurer d'abord un tout aussi complexe que le souvenir, dont les valeurs, par suite de cette complexité, ne sont pas des quantités de même nature. Il faudrait chercher des qualités simples et exactement définies, analogues à l'étendue et au mouvement ; déterminer l'équivalent mécanique de chacune de ces qualités, et trouver ensuite un rapport numérique entre ces qualités considérées isolément et les résultats de leurs combinaisons. Or il serait impossible d'exécuter une telle entreprise scientifiquement, c'est-à-dire sans faire intervenir le tact, le jugement, le sentiment, en d'autres termes, cette appréciation directe de la qualité qu'il s'agit précisément de suppléer. Rien ne prouve d'ailleurs que les qualités psychiques soient décomposables en éléments simples, identiques à travers les changements d'intensité.

Ces observations s'appliquent, à plus forte raison, aux qualités morales de l'âme, lesquelles sont les plus importantes.

Si maintenant, procédant en sens inverse, on se donnait les variations des phénomènes physiques pour en déduire les variations correspondantes des phénomènes psychologiques, il y aurait cercle vicieux à mesurer celles-ci par celles-là, puisque, pour établir une relation constante entre ces deux séries de variations, il faut avoir pu, au préalable, les mesurer séparément.

Cette méthode de recherche ne semble donc pouvoir aboutir à un résultat, même approximatif, qu'appliquée à un côté très restreint du monde psychologique, à ce côté par où l'âme touche en quelque sorte à la matière, et où elle n'est pas encore elle-même. Considéré dans son essence propre, le monde psychologique ne saurait être regardé comme une doublure du monde physique. Car alors on ne s'expliquerait pas l'extrême disproportion qui existe, au point de vue moral, entre des actes qui ont dépensé à peu près la même somme d'énergie physique et consumé à peu près le même poids de carbone. Connaît-on le prix du travail intellectuel quand on sait que l'équivalent mécanique en est un peu plus considérable que celui d'un travail musculaire moyen de même durée ? Jugera-t-on de la valeur d'un plaisir, de la vérité d'une pensée, du mérite d'un acte par le poids qu'on aurait pu soulever au moyen du carbone oxydé à l'occasion de ce plaisir, de cette pensée ou de cette action ?

C'est donc vainement qu'on invoque le parallélisme des phénomènes psychologiques et des phénomènes physiques pour faire de l'âme une fonction du mouvement. Les phénomènes psychologiques ne sont pas mesurables à la manière du mouvement ; et, en tant qu'on peut établir entre eux des degrés, ces variations, dans les régions élevées de l'âme, sont sans rapport assignable avec les variations de la quantité de force physique.

On en peut dire autant, quoique d'une manière moins absolue, de la doctrine suivant laquelle les phénomènes psychologiques ne seraient que la reproduction interne, non plus des phénomènes mécaniques, mais des phénomènes nerveux. Le parallélisme, ici encore, n'est que partiel, bien qu'il s'étende certainement à une plus grande portion de la vie psychologique. Peu importe, en effet, que l'on trouve des modifications du système nerveux correspondant à chaque modification de l'âme. La question est de savoir si les unes sont la mesure des autres. Or, il n'y a pas de proportion entre la différence physiologique et la différence psychologique qui distinguent, par exemple, la folie d'avec le génie ; et, quand on juge de l'âme par le corps, on est porté à identifier ces deux états. De plus, tandis que, dans le rapprochement des phénomènes psychologiques et des phénomènes mécaniques, l'un des deux termes au moins, savoir le phénomène mécanique, était exactement mesurable ; ici les deux termes ne sont guère plus mesurables l'un que l'autre, en sorte qu'il ne peut manquer de régner une grande incertitude sur le degré de la correspondance.

En somme, la seule entreprise vraiment pratique consiste à chercher, non pas la correspondance des rapports, mais la correspondance des phénomènes considérés isolément. On peut alors obtenir des résultats précis et instructifs ; mais ces résultats ne révèlent nullement la loi des phénomènes psychologiques, parce que, la loi de la détermination physique n'étant pas absolue, ils laissent entière la question de savoir si les conditions physiques ne sont pas déterminées en partie par l'âme elle-même, et quelle est, en ce sens, la part de l'influence psychique sur la production de ces conditions.

Mais, s'il est impossible de déduire la nécessité des phénomènes psychologiques de leur correspondance avec les phénomènes inférieurs, ne trouve-t-on pas, dans le monde psychologique considéré en lui-même, la preuve que les fondements en sont immuables et l'évolution nécessaire ?

L'application possible et fructueuse de la statistique à l'étude des phénomènes psychologiques; la découverte de moyennes morales constantes semblent indiquer que ces phénomènes sont soumis à une loi fondamentale analogue aux lois des mondes inférieurs, et que cette loi consiste dans la permanence de la même quantité d'énergie psychique.

Ce n'est pas tout. La loi de la conservation de la force, en mécanique, n'est pratiquement vraie que pour un ensemble de mouvements suffisamment considérable, tel que le système solaire. En physique et en chimie, l'application de la loi de conservation se particularise, et chaque forme de la matière tend énergiquement à conserver ses propriétés. Chez les êtres vivants, la conservation de la forme est plus particulière encore. Elle s'applique à l'essence spécifique. L'organisme typique, continuellement entamé par les forces étrangères, se sert de ces forces mêmes pour réparer ses brèches. Chez l'être pensant, l'énergie est personnifiée. En chacun de nous, elle a conscience de sa permanence, et sent un penchant invincible à s'attribuer l'éternité.

L'âme a, sans doute, sa croissance et ses vicissitudes. Mais, si l'on admet l'existence de forces psychiques latentes; si l'on remarque l'affaiblissement graduel de certaines facultés, à mesure que d'autres se développent; si l'on observe que, pour chaque homme, il y a généralement un degré maximum de progrès psychique, et qu'après l'avoir atteint, l'homme, d'ordinaire, au lieu de s'y tenir, entre dans une phase de décadence, comme pour rétablir l'équilibre ; si enfin l'on tient compte des influences extérieures, des rapports des hommes entre eux, lesquels viennent modifier l'évolution de sa nature propre ; on conclura vraisemblablement que l'énergie psychique, jusque dans l'ensemble d'une vie individuelle, tend vers une moyenne déterminée ; que la loi est du côté de la détermination et de la permanence, et que les faits contraires ne sont que l'exception.

Même dans une phase donnée de la vie psychologique d'un individu, la quantité de l'énergie mentale semble déterminée. Si l'une des facultés de l'âme est très développée, c'est, d'ordinaire, au détriment des autres. Si un sentiment, une idée, une résolution, acquièrent une grande force, l'affaiblissement des autres modes d'action vient rétablir l'équilibre. C'est ainsi que les sentiments présents finissent par effacer plus ou moins complètement les sentiments passés. C'est ainsi que les impressions sensibles, refoulées par de nouvelles impressions qui absorbent la meilleure part de l'énergie mentale, en deviennent moins vives, et passent de l'état de sensations à l'état d'images ; puis, devant le flot sans cesse montant des sensations et des images nouvelles, les précédentes s'éloignent, perdent peu à peu leur couleur, leurs traits particuliers et leur vie, pour devenir des idées vagues, abstraites et mortes : utile métamorphose, par laquelle peu à peu les idées des choses les plus diverses se rapprochent, se confondent dans des idées de plus en plus générales, qui nous représentent les cadres des phénomènes. C'est ainsi, enfin, que, dans la sphère de la volonté, les résolutions énergiques sont souvent suivies d'abattement, que le désespoir côtoie l'héroïsme, et que la constance dans l'effort est la vertu la plus difficile à réaliser.

L'âme a pourtant la faculté de rendre à ses sentiments éteints, à ses idées effacées, à ses résolutions languissantes leur énergie primitive, parfois même une énergie qu'ils n'ont jamais eue. Mais, dans ce cas encore, il n'y a point création d'énergie psychique. Cette résurrection ne s'opère pas d'elle-même. Elle est déterminée par un état présent analogue à l'état passé, et c'est la vie de l'état présent qui se communique au fantôme de l'état passé.

Cette loi de conservation semble présupposée par toute recherche tendant à expliquer les états de conscience, considérés en eux-mêmes, de la manière dont on explique les phénomènes physiques ; elle est impliquée dans tout essai de psychologie positive.

Et maintenant, si la quantité d'énergie psychique demeure la même dans l'être pensant, peut-on soutenir la contingence des actes humains ?

Il n'est pas plus plausible en psychologie qu'en mécanique d'alléguer, pour garantir la contingence des phénomènes, la distinction de la force indéterminée et de la direction, et d'admettre que la permanence de l'une n'entraîne pas la détermination de l'autre. Les actions mentales, sensations, idées, tendances, ne sont jamais données à l'état indéterminé. La direction des antécédents doit se retrouver, aussi bien que leur énergie, dans les conséquents ; et, pour obtenir dans les conséquents une direction différente de celle qui résulte de la combinaison des antécédents, il faut faire intervenir une direction nouvelle, laquelle implique nécessairement une énergie nouvelle d'une certaine intensité. Ainsi un changement de direction, ou, en ce qui concerne l'âme, un changement de qualité, suppose toujours un changement de quantité. Il est vrai que cette quantité nouvelle peut avoir été empruntée par l'être donné aux autres êtres du même ordre ; mais le changement survenu dans ces êtres doit avoir eu, lui aussi, une raison déterminante ; et si, dans l'ensemble, la quantité d'action demeure constante, les phénomènes ne pourront être qu'un *circulus*, où la contingence n'aura aucune place. L'âme considérée en général n'explique pas plus les caractères particuliers de tel sentiment, de telle conception, de telle intention, que la force considérée en général n'explique la direction du mouvement.

Il semble donc qu'il faille renoncer à toute contingence dans l'ordre des phénomènes de l'âme, si l'on admet d'une manière absolue la loi de la conservation de l'énergie psychique, la proportionnalité des sensations, idées, résolutions avec leurs antécédents psychologiques. Mais cette loi est-elle nécessaire ?

On ne peut la considérer comme donnée à priori analytiquement, puisque l'idée des opérations psychologiques n'implique pas un degré déterminé d'énergie, comme condition de leur existence.

Elle n'est pas non plus un jugement synthétique à priori puisque le penchant de l'homme est, au contraire, de croire qu'il dispose de ses actes. Cette loi est une connaissance expérimentale, et ne peut prétendre qu'à une nécessité de fait.

Or cette nécessité elle-même lui appartient-elle ?

Si l'on perce la première enveloppe des choses, on trouve sans doute que la variété infinie que présente la surface du monde psychologique n'existe pas dans le fond. Même dans l'ordre moral, sous les dehors changeants, il y a des couches de plus en plus solides. Sous la disposition du moment, il y a le caractère individuel, sous le caractère individuel les mœurs du temps, puis le caractère national, puis enfin la nature humaine. Or la nature humaine demeure sensiblement la même.

Tel est le résultat auquel, d'ordinaire, aboutit le psychologue. Mais l'historien est disposé à voir les choses sous un autre aspect. A ses yeux, tout change, et il n'y a pas deux époques exactement semblables. Les assimilations qu'on établit entre le passé et le présent ne sont jamais qu'approximatives. Et il semble qu'en effet les définitions précises, courtes, fermées et posées comme définitives, par lesquelles le philosophe aime à couronner les généralisations historiques, laissent inévitablement en dehors d'elles une partie de la réalité : comme si ce qui vit était, par essence, incompatible avec l'exactitude, l'unité, l'immutabilité d'une formule. Est-il un homme dont le caractère soit réellement invariable? Est-il une nation dont l'histoire entière soit l'expression d'une seule et même idée? La nature humaine elle-même renferme-t-elle un fond immuable? Faut-il négliger des changements qui peuvent se produire jusque dans les principes des choses, sous prétexte qu'en eux-mêmes ils sont très petits et imperceptibles au premier abord? Quand il s'agit du point de départ d'un angle, nulle modification dans l'écartement des lignes n'est indifférente.

Faut-il maintenant poursuivre l'analyse et l'abstraction, jusqu'à ce qu'on arrive à un principe véritablement identique? Mais que restera-t-il de l'âme, au terme de cette opération? En quoi consiste la nature humaine, réduite aux traits exactement communs à tous les hommes? Il est clair qu'en subissant cette élimination successive de tous les éléments particuliers, elle perdra peu à peu tout ce qui fait sa grandeur. En somme, le retranchement des caractères spécifiques, la généralisation aboutit à des concepts de plus en plus vides, de plus en plus pauvres, et, en même temps, de moins en moins propres à expliquer la vie réelle. C'est qu'il est faux de placer la substance des êtres dans un élément immuable, et qu'il est impossible d'expliquer jusqu'au bout le changement par la nature des choses, considérée comme l'expression immédiate et également immuable de la substance ainsi comprise. Où voyons-nous, surtout en ce qui concerne l'homme, une nature primordiale, qui ne suppose pas l'action? Le caractère n'est-il pas le résultat des actes instinctifs ou réfléchis? Les facultés de l'homme se développeraient-elles, existeraient-elles, si elles ne s'exerçaient pas? Qu'est-ce que l'âme avant l'action? La matière première, s'il en existe une, a-t-elle, ici surtout, un rôle comparable à celui de l'artiste qui la pétrit, l'organise, lui donne la vie, la physionomie et la beauté? En dépit des apparences, un individu, une nation, l'homme enfin n'est jamais complètement esclave de son caractère. Car son caractère est né de l'action, et par conséquent dépend d'elle. Ce n'est pas l'immobilité qui est le trait dominant de la nature humaine, c'est le changement, progrès ou décadence; et l'histoire, à ce point de vue, est le correctif nécessaire de la psychologie statique. La condition réelle de l'homme est toujours le passage d'un état à un autre ; les lois psychologiques les plus générales sont relatives à une phase de l'humanité.

Cette doctrine, d'ailleurs, n'est pas en contradiction avec les données de la psychologie, lorsque celle-ci ne se condamne pas d'avance à tout réduire en formules exactes et immuables. Un conséquent psychologique ne trouve jamais dans l'antécédent sa cause complète et sa raison suffisante.

Cette disproportion des deux termes se manifeste particulièrement dans les actes volontaires. Dans la résolution qui suit la considération des motifs, il y a quelque chose de plus que dans les motifs : le consentement de la volonté à tel motif de préférence à tel autre. Le motif n'est donc pas la cause complète de l'acte. En est-il du moins la raison suffisante? Certes c'est toujours le motif le plus fort qui triomphe, mais en tant qu'on donne, après coup, cette épithète précisément au motif élu par la volonté. Il resterai à prouver que la volonté élit toujours le motif qui, par lui même, exerçait, d'avance, sur l'âme, l'influence la plus forte Or n'arrive-t-il pas que la volonté rende pratiquement prépondérant un motif qui, théoriquement, n'était pas la résultante des forces qui sollicitaient l'âme ? Lorsque nous observons du dehors la conduite de nos semblables et même notre propre conduite, nous trouvons que les mêmes actes sont uniformément liés aux mêmes motifs. Mais s'ensuit-il que les actes soient déterminés par les motifs, considérés en eux-mêmes ; et cette loi ne se vérifiera-t-elle pas également, si c'est la volonté elle-même qui pose sur le premier plan, qui met en saillie les conditions de son action ?

S'il en est ainsi, dira-t-on, l'acte est sans doute expliqué ; mais le rapport du motif prépondérant avec l'ensemble des déterminations de l'âme contredit le principe de causalité. — Il est vrai ; et peut-être un acte libre serait-il, en effet, chose inadmissible, si le principe de causalité devait être admis comme absolu. Mais peut-être aussi ce principe, dans son application aux faits, n'a-t-il pas la rigidité que lui attribue la science abstraite, et comporte-t-il quelque contingence dans la transformation d'un antécédent en conséquent. Ce qui fait illusion, c'est que les causes prochaines de l'acte donné s'enchaînent ou paraissent s'enchaîner entre elles d'une manière exactement conforme au principe de causalité. Mais comment prouver qu'en remontant la série des causes, on ne rencontrerait pas un point où ce principe ne suffirait plus à l'explication des phénomènes, autant du moins que l'on pourrait les analyser d'une manière complète ? Il est possible que la puissance directrice n'intervienne pas partout et toujours avec la même énergie, et qu'après avoir donné l'impulsion, elle abandonne plus ou moins les choses à leur cours naturel, lorsqu'il suffit pour achever l'action. Peut-être cette impulsion est-elle, en elle-même, extrêmement faible ; mais, donnée au moment opportun et au point approprié, elle peut déterminer par ses contre-coups des phénomènes considérables.

Il est certain aussi que, d'une manière générale, les agents supérieurs ne disposent pas à leur gré des forces inférieures. C'est surtout lorsque celles-ci sont en lutte entre elles et se font en quelque sorte équilibre, que l'agent supérieur intervient aisément et efficacement. Quand l'âme est partagée entre divers désirs, la volonté, sans effort, se fait jour entre eux, institue une délibération et prononce le jugement. Quand, au contraire, la volonté se trouve en présence de passions qui, convergeant vers une même fin, se fortifient réciproquement, il lui arrive de s'oublier, de s'abandonner elle-même. Cependant, même alors, elle peut se réveiller et agir : elle peut lutter contre les passions les plus fortes, soit indirectement en leur opposant d'autres passions d'une intensité égale ou en les tournant insensiblement vers d'autres objets, soit même directement en se dressant seule contre ses adversaires. Elle peut enfin, jusque dans les circonstances les plus défavorables, se servir des lois mêmes qui régissent l'âme pour la diriger.

Si la production des déterminations volontaires est l'ordre de phénomènes psychologiques où se manifeste le mieux la contingence, les autres ordres n'en sont pas entièrement dépourvus. Car un sentiment ou une idée, quelle que soit la simplicité et la généralité du rapport qu'on examine, ne trouvent jamais dans leurs antécédents psychologiques leur explication complète. Ils apparaissent toujours comme étant autre chose que ces antécédents, comme renfermant des qualités nouvelles; et, à ce titre, ils échappent à la loi de la proportionnalité de la cause et de l'effet.

Ainsi la variabilité se retrouve jusque dans les profondeurs les plus reculées de la nature humaine. Dès lors, est-il vraisemblable que la quantité d'énergie psychique soit exactement déterminée et demeure exactement la même? Pour être en droit d'affirmer une pareille loi, il faudrait pouvoir ramener toutes les successions psychologiques à un mode de succession élémentaire, exactement déterminé, dont on démontrerait la permanence. Or c'est précisément ce terme qui fuit devant l'investigateur.

Mais peut-être le changement radical lui-même a-t-il sa loi nécessaire dans un principe dynamique immuable antérieur à tous les phénomènes; peut-être le monde psychologique est-il une évolution uniforme où est impliquée l'essence même de l'âme.

Ne peut-on pas dire, par exemple, que la marche des phénomènes psychologiques doit nécessairement être la résultante de deux éléments, qui sont: d'une part, un ensemble de facultés constituant la nature d'une personne donnée; et, de l'autre, une ou plusieurs tendances, telles que la recherche du bonheur, l'instinct de la vie, l'adaptation des facultés internes aux conditions externes?

Cette doctrine est sujette à plusieurs objections. On peut se demander s'il est possible de faire rentrer tous les actes de l'homme dans ces formules ou même dans une formule quelconque, puisque l'homme se sent capable d'héroïsme, de sacrifice, d'actes qui brisent les résistances les plus fortes de sa nature.

En admettant que la chose soit possible, il est, à tout le moins, difficile de déterminer exactement la formule à laquelle on entend se tenir: car les formules en question, justes chacune dans une certaine mesure, se concilient mal entre elles.

Le désir du bonheur, par exemple, peut nous faire détester et fuir une vie qui ne serait plus qu'une souffrance continuelle.

L'amour de la vie physique et morale, en nous induisant à développer nos forces et nos facultés autant que possible, suscite mille difficultés, mille conflits avec le dehors, mille souffrances qui n'existent pas pour les âmes inactives.

L'adaptation des tendances aux choses, à mesure qu'elle se réalise davantage, éteint la conscience, qui a besoin d'un choc pour se manifester, et remplace les sensations vives, agréables ou désagréables, par un état d'indifférence et d'apathie. Ce n'est pas tout. Le conflit entre l'homme et le monde physique tient à ce que l'homme poursuit des fins que les choses ne réalisent pas spontanément, des fins supérieures à celles des choses. Pour faire cesser ce conflit, il faut renoncer à poursuivre ces fins supérieures. L'homme qui fait de l'adaptation aux conditions externes le but de sa vie devra donc redescendre successivement les degrés de l'être, et se plier, se soumettre, s'identifier aux choses dont il redoute le choc. Dès lors, il ne verra plus que des maux dans la conscience morale, dans l'intelligence, dans le sentiment, dans la vie, dans l'existence elle-même, car toutes ces tendances sont contrariées par le monde externe; et finalement il considérera l'annihilation absolue comme le souverain bien.

Fût-il démontré, d'ailleurs, que toutes les actions de l'homme s'expliquent par ces formules dynamiques ou par d'autres du même genre, il ne s'ensuivrait pas que la nécessité préside à la vie psychologique. Car ces formules ne satisfont pas aux conditions d'une loi positive, ou rapport existant entre des données expérimentales.

Et d'abord le second terme de la loi dynamique, la fin proposée à l'activité humaine, a quelque chose de vague et d'indéterminé. Qu'est-ce que le bonheur? Tous les hommes le conçoivent-ils de la même manière ? Quel est le genre de bonheur qui est considéré comme la fin universelle des actes humains ? De même, en quoi consiste le développement harmonieux de nos forces et de nos facultés ? Quel est l'ordre de subordination qu'il s'agit d'établir entre elles ? Admettra-t-on, pour rester, autant que possible, sur le terrain des faits, que la faculté la plus haute est celle qui confère le plus de force ? Mais il n'est nullement évident que la grandeur morale rentre dans la force et ne mérite pas d'être recherchée pour elle-même. Le développement proportionné de nos puissances innées est-il un principe clair, propre à être compris de la même manière par tous les hommes ? Quant à l'adaptation des tendances aux choses, ne se peut-elle également concevoir de plusieurs manières ? Mettra-t-on sur le même rang celui qui cherche à se conformer aux conditions externes sans rien sacrifier de ses prérogatives humaines, et celui qui laisse dépérir ses facultés supérieures, sous prétexte qu'elles entravent l'adaptation ? Quel est le genre d'adaptation que l'on considérera comme la fin naturelle des actions humaines ?

Ensuite, peut-on dire qu'une tendance soit une réalité positive ? La tendance n'existe-t-elle que lorsqu'elle se manifeste ; n'est-elle qu'une somme d'actes passés ou présents ? Certes, elle peut exister lors même qu'elle ne se manifesterait pas. Est-ce une somme d'actes possibles ? De deux choses l'une : ou ces actes se réaliseront certainement, et alors ils ne sont pas simplement possibles, ils sont futurs : mais il n'est pas nécessaire qu'une tendance doive se réaliser pour que l'existence en puisse être admise ; ou ces actes sont véritablement possibles, c'est-à-dire se réaliseront ou ne se réaliseront pas : mais, dans ce cas, ils ne peuvent être considérés comme une réalité positive, c'est-à-dire donnée dans l'expérience.

De même, on ne peut considérer comme données la direction précise, l'intensité, l'intelligence de la tendance. Car la tendance, c'est l'être même ; et qui peut affirmer que l'être n'a pas le pouvoir d'agir sur ses tendances, de les modifier spontanément? Cette impossibilité est-elle donnée, peut-elle être donnée dans l'expérience?

Il semble donc qu'il soit aussi impossible d'établir scientifiquement une loi de changement radical nécessaire, qu'une loi de conservation radicale. En fait, le changement existe dans l'âme à côté de la permanence, avant la permanence elle-même. D'autre part, une loi de changement qui ne se ramène pas à une loi de conservation, une loi qui précède absolument les choses, un principe antérieur aux concepts, ne peut être assimilée aux lois positives et prétendre, en ce sens, à la nécessité.

S'il en est ainsi, on est en droit d'admettre que les phénomènes psychologiques ne sont pas absolument déterminés, mais recèlent, sous les uniformités de succession qu'ils offrent encore à l'observateur, une contingence radicale.

Et le caractère propre à la loi de permanence qui régit les actes de l'homme prouve que la part de l'indétermination doit y être plus grande que dans tous les autres phénomènes.

En effet, dans les régions inférieures, les lois fondamentales de permanence se rapportent immédiatement à des ensembles plus ou moins considérables, tels qu'un système mécanique, une forme de la matière, une espèce vivante. Chaque agent particulier se trouve ainsi comme absorbé dans le tout auquel il appartient. La loi qui le régit ne lui permet d'agir que de concert avec l'ensemble. Dès lors, comment pourrait-il produire une action contingente? Sera-ce en prenant son point d'appui dans la loi même de son action? Mais cette loi, qui l'abîme dans l'infini, est toute contre lui ; elle impose au déploiement de son initiative la condition de modifier l'ensemble du système auquel il appartient. Sera-ce en résistant absolument à ce destin ennemi qui ne le compte pour rien ? Mais serait-il encore une créature, l'être qui pourrait agir sur les choses sans prendre en elles son point d'appui ?

Ce serait donc être soumis à une fatalité absolue que d'exister uniquement comme partie du tout. A vrai dire, rien de réel ne présente ce caractère, incompatible avec l'existence : il ne se rencontre que dans l'objet purement idéal d'une science tout à fait abstraite. Et, si les êtres inférieurs à l'homme présentent déjà, sous forme collective, quelque degré de contingence, c'est que les systèmes qu'ils constituent sont déjà, dans une certaine mesure, des mondes distincts, en dehors desquels il y a de l'espace et des points d'appui.

Or, plus que tous les autres êtres, la personne humaine a une existence propre, est à elle-même son monde. Plus que les autres êtres, elle peut agir, sans être forcée de faire entrer ses actes dans un système qui la dépasse. La loi générale de la conservation de l'énergie psychique se morcelle, en quelque sorte, en une multitude de lois distinctes, dont chacune est propre à chaque individu. Ce sont ces lois individuelles qui sont immédiates : la loi générale n'est plus que médiate. Il y a plus : il semble que, pour un même individu, la loi se subdivise encore et se résolve en lois de détail propres à chaque phase de la vie psychologique. La loi tend à se rapprocher du fait. Dès lors, la conservation de l'ensemble ne détermine plus les actes de l'individu : elle en dépend. L'individu, devenu, à lui seul, tout le genre auquel s'applique la loi, en est maître. Il la tourne en instrument ; et il rêve un état où, en chaque instant de son existence, il serait ainsi l'égal de la loi et posséderait, en lui-même, tous les éléments de son action.

CONCLUSION

Lorsque, dans l'ancienne Grèce, l'homme prit conscience de lui-même et réfléchit sur sa condition, il se crut le jouet d'une puissance extérieure, impénétrable et irrésistible, qu'il appela le Destin. Selon cette croyance, il avait le devoir d'obéir à des ordres mystérieux, et il était condamné à expier des crimes inévitables. Après avoir gémi sur sa servitude, il osa juger cette puissance inflexible. Il la trouva cruelle et inique, il estima qu'il valait mieux qu'elle. Il s'étonna d'avoir accepté sans examen ce joug honteux. Il essaya de s'y soustraire, de le briser : il le brisa, en effet. Ce ne fut plus le monde qui lui dicta des lois, ce fut lui qui dicta des lois au monde. Il prit conscience de sa liberté.

Mais bientôt s'éveilla en lui une nouvelle inquiétude. Suffisait-il qu'il fût libre à l'égard du monde extérieur pour être libre en effet ? Ne sentait-il pas en lui des mouvements impétueux, des forces irrésistibles, analogues à ce destin auquel il avait cru jadis ? Ne s'était-il donc trompé alors que sur le siège de cette puissance souveraine ? Absente du monde, résidait-elle en lui-même ? Était-il l'esclave de ses passions, de ses idées, de sa nature ? La fatalité le ressaisissait-elle au moment où il croyait lui échapper ? Sans doute, cette fatalité nouvelle était moins brutale et moins stupide que la précédente. Mais en était-elle moins absolue ? Une chaîne pèse-t-elle moins lourdement pour être inaperçue du dehors ? Sous l'étreinte du monde extérieur, l'homme conservait encore une liberté : celle de protester intérieurement contre la violence dont il était victime. Sous l'étreinte de sa propre nature, c'était se duper soi-même que de se croire libre. Quant à l'empire sur le monde extérieur, quel prix conserve-t-il aux yeux d'un être qui sent la fatalité au-dedans de soi? En somme, le Destin, sans doute, n'était plus qu'une figure, mais c'était une figure vraie.

Le génie grec n'en demeura pas là. Il comprit que les diverses parties de la nature humaine n'avaient pas toutes la même dignité. Il réussit à faire plier les facultés inférieures devant les facultés supérieures. Il vit par là que cette fatalité interne qui pesait sur ses actes n'était pas aussi inflexible qu'il l'avait supposé d'abord. Chaque effort nouveau le confirma dans cette idée, dans cette foi en lui-même ; et peu à peu il osa prétendre à la perfection d'un dieu qui serait maître de lui comme de l'univers.

Telle semble être, en des sens divers, la condition de tous les êtres.

On peut distinguer dans l'univers plusieurs mondes, qui forment comme des étages superposés les uns aux autres. Ce sont, au-dessus du monde de la pure nécessité, de la quantité sans qualité, qui est identique au néant, le monde des causes, le monde des notions, le monde mathématique, le monde physique, le monde vivant, et enfin le monde pensant.

Chacun de ces mondes semble d'abord dépendre étroitement des mondes inférieurs, comme d'une fatalité externe, et tenir d'eux son existence et ses lois. La matière existerait-elle sans l'identité générique et la causalité, les corps sans la matière, les êtres vivants sans les agents physiques, l'homme sans la vie?

Cependant, si l'on soumet à un examen comparatif les concepts des principales formes de l'être, on voit qu'il est impossible de rattacher les formes supérieures aux formes inférieures par un lien de nécessité.

Raisonne-t-on a priori ? L'on ne peut tirer les formes supérieures des formes inférieures par voie d'analyse, parce qu'elles contiennent des éléments irréductibles à ceux de formes inférieures. Les premières ne trouvent dans les secondes que leur matière et non leur forme. Le lien des unes par rapport aux autres apparaît comme radicalement synthétique.

Ce serait pourtant un lien nécessaire, s'il était posé par l'esprit, en dehors de toute expérience, dans un jugement synthétique causal a priori. Mais les formules qui supposeraient une origine à priori ne sont pas celles qui s'appliquent aux choses données ou même à la connaissance de ces choses ; tandis que les formules qui expliquent véritablement la nature des choses données dérivent de l'expérience elle-même.

L'existence des divers degrés de l'être n'est donc pas nécessaire en droit.

Le raisonnement a posteriori prouve-t-il qu'elle le soit en fait ?

Lors même que la science a pu prendre la forme déductive, il ne s'ensuit pas que les conclusions en soient objectivement nécessaires. La valeur des conclusions est précisément celle des principes fondamentaux ; et, si ces derniers sont contingents, la contingence s'en transmet nécessairement à toutes les propositions que le syllogisme en fait sortir. Or toute science purement déductive a un caractère abstrait et subjectif. Les définitions exactes ne sont possibles qu'à ce prix. Ce sont des synthèses artificielles de concepts, appauvris de manière à devenir entièrement intelligibles. On ne peut donc appliquer aux choses elles-mêmes la détermination inhérente aux définitions des sciences déductives.

Les faits, toutefois, semblent attester suffisamment le caractère nécessaire de l'apparition de chaque essence nouvelle. Car cette apparition coïncide constamment avec un certain état de la matière correspondante. Mais quelle est la signification de cette coïncidence? De quel côté est l'agent, de quel côté le patient? Est-ce le principe inférieur qui détermine l'apparition du principe supérieur; ou bien, est-ce le principe supérieur lui-même qui, en se réalisant, suscite les conditions de sa réalisation? D'une part, une cause phénoménale absolument déterminante est chose inintelligible, parce qu'elle suppose une quantité dépourvue de toute qualité, et qu'une telle essence ne peut exister: l'inférieur ne peut donc déterminer absolument l'apparition du supérieur. D'autre part, pour chaque progrès de l'être, on ne peut expliquer entièrement par les lois du principe inférieur la complication que présente ce principe, alors qu'il devient le marchepied du principe supérieur: il est donc légitime d'admettre que c'est la forme elle-même qui façonne la matière à son usage.

Ainsi chaque monde donné possède, par rapport aux mondes inférieurs, un certain degré d'indépendance. Il peut, dans une certaine mesure, intervenir dans leur développement, exploiter les lois qui leur sont propres, y déterminer des formes qui n'étaient pas appelées par leur essence.

Mais chaque monde ne porte-t-il pas en soi, comme une fatalité interne, une loi qui en régit les phénomènes; et ainsi la contingence des phénomènes n'est-elle pas, en définitive, une pure illusion?

Et d'abord, n'existe-t-il pas une correspondance exacte entre un monde supérieur donné et les mondes inférieurs, de telle sorte que la loi du monde supérieur ne soit, en définitive, que la traduction dans un autre langage, de la fatalité propre aux mondes inférieurs, et comme le sens interne d'un destin symbolique?

Cette correspondance n'a pas une telle signification, parce qu'elle n'existe pas entre les deux ordres de rapports, n'y ayant souvent aucune proportion entre les vicissitudes de la forme et celles de la matière ; et que, si elle existe entre les deux catégories de faits considérés isolément, rien ne prouve (à moins de considérer comme absolue la fatalité inhérente au monde inférieur, c'est-à-dire à moins de supposer ce qui est en question) que le phénomène supérieur n'ait pas influé sur la réalisation de ses conditions.

Mais l'observation et le raisonnement ne montrent-ils pas que les phénomènes se produisent suivant un ordre constant ; que les uniformités de détail se ramènent à des uniformités générales ; et que, finalement, chaque monde est gouverné par une loi spéciale, qui consiste dans la conservation de l'essence même dont il est la réalisation ?

Ces lois de permanence existent sans contredit ; mais sont-elles nécessaires ?

Considérées a priori, elles ne se peuvent déduire de l'essence même des choses auxquelles elles s'appliquent, parce qu'elles se rapportent à la quantité extensive, et que toute essence, étant avant tout une qualité, comporte, à ce point de vue, une infinité de degrés.

On ne peut dire non plus que ces lois fondamentales soient posées a priori par l'esprit lui-même. Les formules qui requièrent une origine rationnelle, portant sur des choses en soi ou sur des rapports invérifiables, ne s'appliquent pas aux choses données ou à la connaissance des choses données ; et les formules qui comportent un usage expérimental ne contiennent aucun terme qui ne trouve son explication dans l'expérience elle-même.

Il est donc inexact de dire que les lois régissent les phénomènes. Elles ne sont pas posées avant les choses, elles les supposent; elles n'expriment que les rapports qui dérivent de leur nature préalablement réalisée

Mais la science elle-même, surtout lorsqu'elle a pu prendre la forme déductive, ne prouve-t-elle pas à posteriori que la nature même des choses ne change pas?

D'une part, on ne peut identifier avec la nature des choses un principe empirique, si général qu'il soit, si fécond qu'il apparaisse. La science déductive est radicalement abstraite. Elle détermine les rapports des choses, à supposer que la nature en demeure immobile.

D'autre part, le monde nous offre partout, à côté de la conservation, qui, effectivement, en elle-même, exclut l'idée de contingence, le changement, progrès ou décadence, qui la comporte; et cela, non seulement dans le détail superficiel, mais même, indéfiniment sans doute, dans les lois d'ensemble qui résument les lois de détail.

Au fond, il n'est pas un rapport réel d'antécédent à conséquent, si général qu'on le suppose, qui se puisse concevoir comme nécessaire. Car la nécessité ne peut consister que dans le rapport quantitatif de l'antécédent au conséquent. Or la quantité ne se conçoit que comme mesure de la qualité, comme subordonnée à la qualité; et celle-ci, indéfiniment perfectible, et dissemblable d'elle-même pour deux degrés de perfection aussi voisins l'un de l'autre que l'on voudra, ne trouvant d'ailleurs dans la quantité extensive ou répétition stérile d'une même chose aucun élément de perfectionnement, ne peut admettre que comme accidentelle et relative, non comme essentielle et absolue, l'homogénéité et la permanence requises par la catégorie de quantité. La loi de la conservation de l'être est donc contingente.

Il est d'ailleurs impossible de trouver et de concevoir une loi de changement qualitatif antérieure aux choses qui n'implique pas la finalité. Or la finalité dépasse l'expérience. Ainsi une telle loi ne satisfait pas aux conditions d'une loi positive, et ne peut être un indice de nécessité physique.

Les êtres du monde donné ne sont donc pas dans une dépendance absolue à l'égard de leur propre nature. Il n'est pas inconcevable que, jusque dans leur fond, ils ne demeurent pas éternellement semblables à eux-mêmes, et que l'ordre dans lequel se succèdent leurs manifestations ne laisse place à une part plus ou moins grande de contingence. Ce serait même cette indétermination qui permettrait aux formes supérieures de se greffer sur les formes inférieures, en plaçant celles-ci dans les conditions requises pour l'éclosion d'un germe nouveau

Est-ce, maintenant, par une serie de creations isolées les unes des autres, ou par une marche continue, que la nature s'élève ainsi, des formes vides et stériles des mondes ontologique et logique, aux formes riches et fécondes des mondes vivant et pensant? Peu importe, en définitive ; car les éléments supérieurs, pour venir spiritualiser la matière par une gradation insensible, n'en resteront pas moins irréductibles aux éléments inférieurs, et superposés à ces derniers par voie d'addition, de création absolue. Dira-t-on qu'un navire avance de lui-même, parce que, du dehors, on lui voit suivre une marche continue?

Trouver les formes intermédiaires qui établiraient entre tous les êtres de la nature une gradation insensible, ce serait déterminer le mode d'action du principe de perfectionnement, ce ne serait pas ramener le perfectionnement à l'immobilité, les formes supérieures aux formes inférieures. Quant à traduire l'idée de perfectionnement par l'idée de développement pur et simple, d'abord c'est chose illégitime, parce que tout développement n'est pas un perfectionnement; ensuite c'est chose inutile, dans le cas présent, parce que le développement lui-même suppose l'intervention d'un principe supérieur, qui tire la matière de l'état d'enveloppement et lui fasse mettre au jour ce qu'elle cache. D'ailleurs la doctrine de la préexistence et de la préformation semble faire place de plus en plus, dans la science, à la doctrine de l'épigénèse, laquelle, sans exclure le principe de développement, suppose expressément un principe d'addition et de perfectionnement.

Un premier coup d'œil jeté sur les phénomènes naturels a pu faire naître l'idée d'une transmutation universelle, sans addition de formes supérieures. On a pu croire que l'eau avec sa fluidité, ou le feu avec sa mobilité, était le principe unique, susceptible, par lui-même, de revêtir toutes les formes que nous connaissons. On a pu, pendant longtemps, persister dans la croyance à la transmutation des métaux. On a pu, jusque dans un âge scientifique avancé, admettre la transmutation pure et simple des forces, croire que le mouvement se peut, littéralement, transformer en chaleur, en vie, en pensée. Un examen plus approfondi a montré que l'eau ou la chaleur qui entretiennent la vie s'insinuent dans le corps vivant sans changer de nature; que les métaux vils demeurent tels, à travers toutes les fusions et combinaisons qu'on leur fait subir; que le mouvement subsiste tout entier, comme mouvement, sous la chaleur, la vie, la pensée, dont il accompagne l'apparition.

L'univers ne se compose donc pas d'éléments égaux entre eux, susceptibles de se transformer les uns dans les autres, comme des quantités algébriques. Il se compose de formes superposées les unes aux autres, quoique reliées entre elles, peut-être, par des gradations, c'est-à-dire des additions, tout à fait insensibles.

Et, de même que chaque monde contient quelque chose de plus que les mondes qui lui sont inférieurs, de même, au sein de chaque monde, la quantité d'être n'est pas absolument déterminée. Il y a un perfectionnement possible, comme aussi une décadence ; et la contingence du degré de perfection emporte celle de la mesure quantitative.

S'il en est ainsi, le vieil adage : « Rien ne se perd, rien ne se crée », n'a pas une valeur absolue. L'existence même d'une hiérarchie de mondes irréductibles les uns aux autres sans être coéternels, est une première dérogation à cet adage ; et la possibilité du perfectionnement ou de la décadence au sein de ces mondes eux-mêmes en est une seconde.

Or les sciences positives reposent sur ce postulat. Elles étudient le changement, en tant qu'il se ramène à la permanence. Elles considèrent les choses au point de vue de la conservation de l'être. Quelle est donc la valeur des sciences positives ?

Certes la stabilité n'est pas simplement une catégorie abstraite, un moule où l'entendement jette les choses ; elle règne dans le monde donné. Les faits sont des cas particuliers de lois générales, le monde est intelligible ; et ainsi ce ne sont pas des possibilités idéales, c'est la réalité elle-même, dont la science nous présente le tableau systématique. Mais la stabilité ne règne pas sans partage. Au sein même de son empire apparaît, comme élément primitif original, l'action d'un principe de changement absolu, de création proprement dite ; et il est impossible d'établir une frontière entre les deux domaines. On peut dire qu'une partie des êtres ou qu'une face des choses soient régies par des lois, tandis que les autres êtres ou l'autre face des choses seraient soustraits à la nécessité. Ce qui est vrai, c'est que, dans les mondes inférieurs, la loi tient une si large place qu'elle se substitue presque à l'être ; dans les mondes supérieurs, au contraire, l'être fait presque oublier la loi. Ainsi tout fait relève non seulement du principe de conservation, mais aussi, et tout d'abord, d'un principe de création.

L'être n'est donc, à aucun de ses degrés, connu jusque dans son fond, quand les sciences positives ont achevé leur œuvre. Il est connu dans sa nature et ses lois permanentes. Il reste à le connaître dans sa source créatrice. Mais en quoi peut consister ce principe, inaccessible à l'observation ?

Il semble que le seul moyen légitime de s'en faire une idée soit d'en considérer les effets. Mais, dira-t-on, quels sont ces effets, sinon la dérogation aux lois, l'incohérence et le désordre ? Soumis à la nécessité, le monde pouvait du moins être embrassé dans une pensée unique : pénétré par la contingence, il n'est plus intelligible que par fragments et d'une manière approximative ; il n'offre plus que les membres épars d'un organisme désagrégé. Que peut donc être, en lui-même, le principe de la contingence, sinon le hasard, ce mot dont nous couvrons notre ignorance, et qui, loin d'expliquer les choses, implique le renoncement même à toute tentative d'explication, et en quelque sorte l'abdication de la pensée ?

Peut-être n'est-il pas nécessaire d'admettre que ce principe ne soit connu que dans ses effets. Mais il faudrait évidemment, pour être en mesure de le saisir en lui-même, sortir de la sphère de l'expérience. Que si, restant sur le terrain des faits, l'on contemple la marche générale des choses, sans faire de la classification scientifique le seul type de l'ordre, on trouvera peut-être que, même dans la doctrine de la contingence, le monde apparaît comme empreint de simplicité, d'harmonie et de grandeur.

Au degré inférieur, au-dessous même de l'être indéterminé, est la nécessité ou quantité pure et simple, dont l'essence est l'unité. C'est la forme la plus vide qu'il soit possible de concevoir. Mais cette forme, en tant du moins qu'elle aspire à se séparer du néant absolu, n'est pas tout à fait immuable. Grâce à la place, même infiniment petite, qu'elle laisse à la contingence, elle ne demeure pas inutile. Elle prépare la réalisation de l'être. Or l'être, tel qu'il est donné dans l'expérience, c'est le fait cause du fait, c'est-à-dire l'un déterminant l'autre. C'est un ensemble d'actes liés entre eux par un rapport de causalité. L'essence de l'être est donc le rapport de l'un et de l'autre, la multiplicité résultant de la différenciation. A son tour, la multiplicité, laissant quelque place à la contingence, devient la matière à laquelle s'applique, comme une forme, le système des genres et des espèces, ou classification du multiple. Or l'idée générale, la notion, est, d'une part, multiple, en tant qu'elle est décomposable en plusieurs notions plus particulières, différentes les unes des autres ; d'autre part, elle est une, en tant qu'elle consiste en une essence commune à ces diverses notions. La notion est donc l'harmonie introduite dans le multiple au moyen de la hiérarchie, la combinaison de l'unité et de la multiplicité.

Unité, multiplicité, hiérarchie ou unité dans la multiplicité : tels sont les degrés inférieurs de l'être, formes abstraites, susceptibles d'être conçues, non encore d'être senties.

Grâce à un certain degré de contingence, à une sorte de jeu laissé aux cadres logiques, une nouvelle forme de l'être s'y introduit : la matière, chose étendue et mobile, dont l'essence est la continuité. Or le continu n'est autre chose que la fusion, la pénétration réciproque, l'unification de l'un et du multiple. La matière, à son tour, se prête à la création des formes physiques et chimiques, dont l'essence est l'hétérogénéité. Or l'hétérogène est au continu ce qu'est à l'unité la multiplicité, fondée sur le rapport de l'un et de l'autre. Puis le monde physique rend possible le monde vivant, lequel a pour essence l'individualisation, l'harmonie introduite dans l'hétérogène par la prépondérance d'un élément central, par la hiérarchie. La distribution hiérarchique des fonctions, dans cette seconde période, répond au troisième terme de la première, à la combinaison de l'unité et de la multiplicité dans la notion.

Continuité, hétérogénéité, organisation hiérarchique : elles sont les formes de l'être, concrètes et sensibles, qui se superposent aux formes abstraites.

Enfin, au-dessus de la vie elle-même, et sur les fondements qu'elle fournit, s'élève la conscience, où le monde est senti, connu, dominé. La sensibilité est l'état de la personne qui est sous l'influence des choses et qui ne s'en distingue pas encore ; qui, en quelque sorte, ne fait qu'un avec elles. L'intelligence est la relation de la personne avec des choses dont elle se distingue, parce qu'elles lui apparaissent comme autres qu'elle-même. La volonté est l'acte de la personne qui, en vertu de sa supériorité, coordonne, organise, ramène à l'unité la multiplicité de ses manières d'être et la multiplicité des choses.

De plus, la forme consciente de l'être est à la fois abstraite, en ce que, dans le monde actuel, elle n'existe pas à part, et concrète en ce qu'elle est donnée en elle-même. Encore subordonnée à des conditions et dépendant, à ce titre, des mondes inférieurs, la conscience a néanmoins une large part d'existence propre. Elle trouve, dans ses conditions matérielles, un instrument plus encore qu'un lien. Elle se demande si cet instrument lui sera toujours indispensable, et elle aspire à un état où elle se suffirait à elle-même, où elle aurait la vie et l'action, avec l'indépendance.

Ainsi chaque forme de l'être est la préparation d'une forme supérieure ; et les choses vont ainsi se diversifiant et se multipliant, pour aboutir à la forme hiérarchique, qui donne à l'ensemble toute la puissance et toute la beauté qu'il comporte.

Si cette marche de l'être exclut, jusqu'à un certain point, l'ordre qui consiste dans l'uniformité, s'ensuit-il qu'elle ne soit que désordre et confusion ? N'est-ce pas plutôt à un ordre supérieur qu'a été sacrifié en partie l'ordre monotone de la nécessité ? N'est-il pas admirable que les êtres se prêtent un mutuel appui, les êtres inférieurs n'existant pas seulement pour leur propre compte, mais fournissant en outre aux êtres supérieurs leurs conditions d'existence et de perfectionnement ; ceux-ci, à leur tour, élevant les êtres inférieurs à un point de perfection qu'ils n'auraient pu atteindre par eux-mêmes ? N'est-il pas conforme à l'ordre que chaque être ait une fin à réaliser, et qu'il y ait harmonie entre les fins des différents êtres ?

Mais cet ordre supérieur pourrait-il exister, si la nécessité était souveraine dans le monde, si la formule « rien ne se perd, rien ne se crée » était littéralement appliquée ? S'enquiert-on du but d'une action imposée par la contrainte ? Y a-t-il des différences de valeur, c'est-à-dire de qualité, de mérite, y a-t-il progrès, perfectionnement parmi les produits d'une même nécessité ? Les degrés de valeur, si l'on essaie d'en établir dans un pareil monde, pourront-ils être autre chose que des différences conventionnelles, relatives à l'intérêt ou au sentiment d'un être pris arbitrairement pour mesure ? Si la contingence ne régnait pas jusqu'à un certain point dans la série des causes déterminantes, le hasard régnerait dans la série de causes finales. Car c'est la finalité elle-même qui implique, dans la succession des phénomènes, une certaine contingence. Poser l'uniformité de succession comme absolue, ce serait sacrifier un ordre supérieur à un ordre inférieur ; la subordonner à la finalité, c'est rendre possible l'ordre véritable. La surface la plus extérieure des choses et la plus éloignée du foyer vivant, exactement ordonnée en apparence, parce que les successions y sont uniformes, implique, au fond, cette indétermination qualitative qui est l'indétermination véritable; mais, à mesure qu'on pénètre plus avant dans la réalité, on voit croître la détermination qualitative, et, avec elle, la valeur, le mérite et l'ordre véritable, proportionnellement à la décroissance même de l'ordre abstrait et fatal. Peut-on, dès lors, assimiler au hasard l'âme invisible et présente qui fait mouvoir les ressorts du monde ?

Mais, pour offrir peut-être un intérêt esthétique, la doctrine de la contingence ne porte-t-elle pas atteinte aux sciences positives ?

Il est vrai qu'elle réduit à une valeur abstraite les sciences exclusivement fondées sur le principe de la conservation de l'être, c'est-à-dire exclusivement statiques. Mais ces sciences ne semblent, en somme, avoir d'autre rôle que de déduire les conséquences de conditions posées, dans l'hypothèse où ces conditions seraient exactement déterminées et où la quantité d'être ne subirait aucune variation : elles ne prétendent pas, en elles-mêmes, être exactement conformes à la réalité objective. Sans doute, si toute science devait rentrer dans les sciences statiques, la doctrine de la contingence infirmerait la valeur des sciences positives. Mais, s'il est légitime de constituer des sciences dynamiques, à côté et au-dessus des sciences statiques; si la science objective consiste précisément dans ces sciences supérieures, la doctrine de la contingence est conforme aux conditions de la science. Seulement, cette doctrine impose l'observation et l'expérience comme méthode constamment indispensable des sciences dynamiques, des sciences de l'être. S'il est vrai, en effet, qu'à côté d'un principe de conservation il y ait un principe de changement contingent, l'abandon de l'expérience est toujours dangereux, toujours illégitime. L'expérience désormais n'est plus une pensée confuse, point de départ chronologique de la pensée distincte; ce n'est plus même uniquement l'ensemble des données parmi lesquelles l'induction discerne la loi, et qui, une fois résumées ainsi dans une formule générale, rendent inutiles des observations nouvelles : c'est l'éternelle source et l'éternelle règle de la science, en tant que celle-ci veut connaître les choses d'une manière vraiment objective, c'est-à-dire dans leur histoire, en même temps que dans leur nature, laquelle n'est, en définitive, qu'un de leurs états. Selon la doctrine de la contingence, il est chimérique, il est faux de prétendre ramener l'histoire à une déduction pure et simple.

L'étude de l'histoire des êtres acquiert, de ce point de vue, une importance singulière. Il se trouve qu'au lieu de s'éloigner du principe des choses, comme il arriverait si leur histoire était contenue en germe dans leur nature et n'en était que le développement analytique et nécessaire, la science dynamique s'en rapproche, au contraire, plus que la science statique. C'est l'acte qui implique l'essence, bien loin que l'essence puisse expliquer l'acte. Ce n'est donc pas la nature des choses qui doit être l'objet suprême de nos recherches scientifiques, c'est leur histoire. Ces deux points de vue se distinguent d'ailleurs inégalement, selon que la part de la contingence est plus ou moins grande dans la chose à connaître. Ainsi dans les formes inférieures de l'être, l'extrême stabilité dissimule l'histoire. Mais, à mesure que l'on considère des êtres plus élevés, l'essence apparaît de moins en moins comme primordiale : il devient de plus en plus évident qu'elle a son principe dans l'action même de l'être. L'homme est l'auteur de son caractère et de sa destinée.

Ce n'est donc pas la recherche scientifique, c'est uniquement la prétention d'arriver à se passer de l'expérience qui est condamnée par la doctrine des variations contingentes;

c'est, par là même, la réduction des sciences historiques aux sciences statiques. Les premières deviennent, au contraire, les sciences concrètes proprement dites, tandis que les autres ne sont plus, à des degrés divers, que des sciences abstraites

Enfin, la doctrine de la contingence joint à un intérêt esthétique et scientifique un intérêt pratique. En effet, si l'on admettait que l'existence du monde et les lois de succession qui s'y manifestent sont absolument nécessaires, la liberté serait, ce semble, une idée sans objet. Peut-être le monde, ainsi conçu, comporterait-il encore un développement ; mais, comme ce développement serait un système de modes nécessairement liés entre eux, il ne répondrait pas à l'idée que l'esprit se fait de la liberté. La déduction, qui se développe les conséquences d'une définition mathématique, n'est pas un type de liberté, mais de nécessité ; encore bien que cette nécessité purement interne se distingue logiquement de la nécessité externe ou fatalité proprement dite.

Suffirait-il, pour faire une place à la liberté, sans renoncer à la nécessité des lois de la nature, de considérer le monde donné dans l'expérience comme un pur phénomène, où l'être ne serait engagé à aucun degré ? Est-il indifférent, à ce prix, de livrer à la nécessité le monde où nous vivons ?

Il est vrai que cette doctrine est moins contraire à la liberté que la précédente, dans laquelle l'être n'était pas réellement distingué des phénomènes. Comme elle pose, en dehors du monde sensible, un monde intelligible ; comme ce monde, qui est celui de l'être en soi, est affranchi de lois qui n'ont de sens qu'appliquées à des phénomènes, la doctrine dont il s'agit peut, semble-t-il, établir dans ce monde supérieur la liberté qu'elle élimine du monde inférieur. De cette manière, la liberté et la nécessité se trouvent conciliées : l'être est libre dans l'absolu, et l'ordre de ses manifestations est nécessaire. Comme, d'ailleurs, il n'est aucun phénomène donné dans l'expérience qui ne corresponde à un acte de l'être, on ne trouve nulle part une nécessité qui ne soit doublée de liberté. Toute chose est sans doute nécessaire par un côté ; mais, par un autre, elle est libre. Il y a plus : de même que, du côté des phénomènes, la nécessité est absolue ; de même, du côté des êtres, la liberté est infinie. Ainsi, dans cette conciliation, ni la liberté ni la nécessité ne se trouvent diminuées.

Est-il vrai qu'il soit possible de concilier à ce point la liberté et la nécessité ?

Le monde sensible étant considéré, dans cette doctrine, comme le phénomène, le symbole, l'expression du monde intelligible, la même nécessité qui lie entre eux les phénomènes lie entre eux les actes de l'être. Par conséquent, il ne peut être question, dans une vie humaine, d'une détermination interne qui ne serait pas nécessairement liée à toutes les autres. Une seule action décide de toute la conduite. Le caractère de chaque homme, la série de ses déterminations mentales forme un système où chaque partie est appelée par le tout. Il serait inexact de dire que tel ou tel de nos actes est libre ; car, étant donnée notre vie antérieure, il ne peut être que ce qu'il est. Ce qui est libre, c'est uniquement la création de notre caractère, ou système d'actes intérieurs manifesté par la trame de nos mouvements extérieurs. Notre liberté s'épuise dans un acte unique ; et son œuvre est un tout dont aucun détail ne peut être changé. Étrange doctrine, selon laquelle le changement de vie, l'amélioration ou la perversion, le repentir, les victoires sur soi-même, les luttes entre le bien et le mal ne seraient que les péripéties nécessaires d'un drame où le dénouement est marqué d'avance !

Mais c'est encore une illusion de croire que, dans cette

doctrine, le dénouement du moins, l'idée générale de nos actes, reste en notre pouvoir. Si les actes suprasensibles de chacun de nous sont liés nécessairement entre eux, ils sont liés de la même manière aux actes suprasensibles des autres êtres, face interne d'autres phénomènes. Le même raisonnement qui établit la corrélation nécessaire de toutes les déterminations d'une même volonté établit la corrélation nécessaire de tous les systèmes de déterminations volontaires. Notre caractère personnel est une pièce indispensable du monde intelligible : il ne s'en peut détacher, il ne se peut modifier, sans rompre l'unité et l'harmonie du tout. L'acte qui crée notre vie morale est, dans son existence et dans sa nature, une conséquence inévitable des actes de toutes les autres volontés.

Il serait d'ailleurs inutile d'alléguer que si nous ne pouvons rien changer aux phénomènes physiques et psychologiques, nous pouvons du moins les vouloir dans tel ou tel esprit, et qu'en ce sens purement formel et métaphysique nos intentions restent libres. Cette hypothèse ôterait toute raison d'être à l'existence du monde sensible, puisqu'aussi bien nos intentions n'ont pour objet que des idées et que l'objectivité de ces idées serait, au point de vue où l'on se place, indifférente à la moralité. Ensuite cette hypothèse, en déniant au monde des faits la possibilité d'exprimer le côté moral des actes, lui enlèverait en quelque sorte son rôle de phénomène du monde métaphysique, puisque l'élément moral est vraisemblablement l'essence du monde métaphysique, le monde métaphysique lui-même. Par là cette hypothèse nous interdirait tout jugement moral sur les autres et sur nous-mêmes. Elle placerait la moralité dans une sphère inaccessible à la conscience humaine. Enfin, en interdisant à la volonté tout objet qui ne serait pas, d'avance, compris dans le système des phénomènes, elle ferait consister sa perfection, non pas à dominer les choses, mais à s'y conformer, à s'anéantir devant elles.

En somme, dans cette doctrine, à un monde de phénomènes où tout est lié nécessairement se superpose un monde d'actions où tout est lié de la même manière. Il ne peut donc être question, pour les êtres particuliers, de liberté personnelle. Il n'existe qu'un être libre. Tout ce qui n'est pas cet être suprême est absorbé dans le système de ses déterminations.

Mais cet être lui-même est-il vraiment libre?

Sans doute, il a pu créer ou ne pas créer, choisir tel monde plutôt que tel autre. Pourtant son choix a été soumis à cette restriction, de ne porter que sur un monde où tout fût lié, où tout se ramenât à une unité logique. De plus, l'acte de cet être est unique et immuable : toute intervention spéciale dans la production des phénomènes lui est interdite. Son œuvre même s'impose désormais à lui comme un *fatum* inexorable.

Si donc la doctrine de la conciliation admet une liberté sans limites, c'est en la plaçant dans des régions si élevées, si éloignées des choses, que son action se perd dans le vide.

Telles ne sont pas les suites de la doctrine de la contingence. Elle ne se borne pas à ouvrir devant la liberté, en dehors du monde, un champ infini, mais vide d'objets où elle puisse se prendre. Elle ébranle le postulat qui rend inconcevable l'intervention de la liberté dans le cours des phénomènes, la maxime suivant laquelle rien ne se perd et rien ne se crée. Elle montre que ce postulat, s'il était admis d'une manière absolue, engendrerait une science purement abstraite. Elle découvre, dans les détails mêmes du monde, des marques de création et de changement. Elle se prête donc à la conception d'une liberté qui descendrait des régions suprasensibles pour venir se mêler aux phénomènes et les diriger dans des sens imprévus.

Dès lors, la liberté n'a pas le sort du poète que Platon couronnait de fleurs, mais qu'il bannissait de sa république.

Dieu n'est pas seulement le créateur du monde : il en est aussi la providence, et veille sur les détails aussi bien que sur l'ensemble.

L'humanité n'est pas seulement en possession d'une liberté collective : les sociétés humaines ont, elles aussi, leur liberté ; et, au sein des sociétés, les individus mêmes disposent de leur personne. Enfin, l'individu n'est pas seulement l'auteur de son caractère : il peut encore intervenir dans le cours des événements de sa vie, et en changer la direction ; il peut, à chaque instant, se confirmer dans ses tendances acquises, ou travailler à les modifier.

Dans ses rapports avec le monde, l'homme n'est pas un spectateur réduit à vouloir les choses telles qu'elles se passent nécessairement : il peut agir, mettre sa marque sur la matière, se servir des lois de la nature pour créer des œuvres qui la dépassent. Sa supériorité sur les choses n'est plus une figure, une illusion née de l'ignorance, la stérile conscience d'une valeur plus haute : elle se traduit par un empire effectif sur les autres êtres, par le pouvoir de les façonner, plus ou moins, conformément à ses idées et en vertu même de ses idées.

Par là, enfin, les actes extérieurs, s'ils ne sont pas tout l'homme, s'ils n'équivalent pas à l'âme elle-même, modèle inimitable pour la matière, peuvent, du moins, être une manifestation, une traduction plus ou moins fidèle de l'intention de la volonté, et donner une assiette expérimentale aux jugements moraux. Et, si l'ordre des choses peut-être modifié d'une manière contingente, ce ne sera pas assez, pour être bon, d'avoir conçu, désiré et voulu le bien : il sera nécessaire d'avoir agi ou du moins essayé d'agir, puisque, selon la conscience morale, le bien possible est obligatoire.

Telles sont les objets métaphysiques que la doctrine de la contingence rend possibles ; et, à ce titre, elle apparaît comme propice aux croyances de la conscience humaine. Mais, par elle-même, elle est impuissante à ériger ces possibilités en réalité, parce que la liberté, qui en est le fond, et dont la contingence des choses est ici considérée comme le signe extérieur, n'est pas et ne peut pas être donnée dans l'expérience, soit directement, soit indirectement. L'expérience ne saisit que les choses actuellement réalisées. Or il s'agit ici d'une puissance créatrice, antérieure à l'acte.

Toutefois l'expérience elle-même, en établissant le caractère contingent de tout ce qu'elle nous fait connaître, et en laissant cette contingence inexpliquée, nous invite à chercher s'il n'existerait pas quelque autre source de connaissance, propre à nous en fournir la raison. Et, en nous montrant que les diverses parties du monde, bien que contingentes dans leur existence et leurs lois, présentent un certain ordre qui retrouve en beauté ce qu'il perd en uniformité, elle nous fait pressentir la nature supérieure des êtres qui se révèlent à nos sens par leurs manifestations. Enfin, comme il faut que ces êtres supérieurs, pour que leur intervention puisse expliquer la contingence des phénomènes, ne vivent pas à part, sans rapport direct avec le monde de l'expérience, ou en se bornant à intervenir plus ou moins rarement dans le cours des choses, mais soient les auteurs immédiats de chaque phénomène, exempt, en définitive, de toute dépendance réelle à l'égard des phénomènes concomitants : il est impossible d'admettre que la connaissance du monde, telle que la peuvent donner les sens et l'entendement, c'est-à-dire la connaissance des phénomènes et des lois, abstraction faite des causes génératrices, se suffise jamais à elle-même.

Les sens nous montrent des changements et ne les expliquent pas. L'entendement nous révèle la conservation de certaines formes et de certains modes d'action à travers ces changements, et explique ceux-ci par ceux-là. Mais le caractère purement relatif de cette permanence nous empêche de voir, dans les formes et les modes d'action où elle se manifeste, les principes mêmes des choses, c'est-à-dire des causes proprement dites, en même temps que des essences et des lois. Il appartiendrait à la métaphysique de combler le vide laissé par la philosophie de la nature, en cherchant s'il ne serait pas donné à l'homme de connaître, par une autre voie que l'expérience, non plus des essences et des lois, mais des causes véritables, douées à la fois d'une faculté de changement et d'une faculté de permanence.

Connaître les choses dans l'ordre de leur création, ce serait les connaître en Dieu. Car une cause ne peut être admise comme telle que si elle est rattachée, par un lien de participation, à la cause première. Si la série des causes n'a pas de limite, il n'y a pas de causes véritables, l'action et la passion, en toute chose, existent au même titre, et l'une n'est pas plus que l'autre le fond absolu de l'être. Mais l'esprit peut-il atteindre jusqu'à cette essence suprême ?

On peut dire que les sciences positives, à travers l'étude des phénomènes, cherchent déjà Dieu. Car elles cherchent le premier principe des choses. Les divers concepts auxquels on essaie de ramener tout ce qui est donné dans l'expérience ne sont autre chose, en un sens, que des définitions de Dieu.

L'entreprise la plus téméraire est de prétendre se passer, pour l'explication de l'univers, de tout *postulatum*, et d'identifier Dieu avec la nécessité absolue, qui ne suppose rien avant elle. Cette idée, qui, en définitive, se confond avec celle du néant, est si vide qu'à vrai dire elle n'explique rien. Il faut se résigner à mettre dans l'idée de Dieu un principe inexplicable ; et ce principe, pour être fécond, doit être synthétique. A tout le moins voudrait-on réduire au minimum ce que l'on prend pour accordé ; et l'on essaye de définir Dieu « l'Être » ou « le genre suprême ». Mais ces concepts, bien qu'ils expliquent déjà quelque chose, sont encore beaucoup trop pauvres pour expliquer l'univers. On croit faire assez grande la part de l'insondable en attribuant à Dieu, comme éléments irréductibles, l'étendue et la force, c'est-à-dire en l'identifiant avec la matière. Mais la matière est encore impuissante à tout expliquer. Ajouter à ces attributs, à titre de nouveaux *postulata*, les forces physiques et chimiques, la vie et même la conscience humaine, c'est sans doute obtenir une idée de Dieu de plus en plus riche, et, par suite, de plus en plus féconde ; mais ce n'est pas encore concevoir un Dieu propre à tout expliquer ; car la nature et les lois des corps, des êtres vivants et de la conscience humaine ne sont pas immuables et ne rendent pas compte elles-mêmes des changements qu'elles comportent. Faut-il imaginer, comme dernier postulat, une synthèse irréductible qui comprendrait, non seulement tous les attributs essentiels des choses connues, mais encore tous les attributs essentiels des choses inconnues et des choses possibles ? Une telle synthèse serait une conception arbitraire, parce qu'il n'y a pas de raison pour que l'échelle des attributs ait un terme. Les synthèses qui, comme celles auxquelles aboutit la science, se constituent par l'organisation hiérarchique d'une multiplicité, peuvent se compliquer indéfiniment sans jamais atteindre à une forme suprême. De plus, ces formules n'expliqueront jamais tout, parce qu'elles ne s'expliquent pas elles-mêmes, mais sont simplement données par l'observation et l'abstraction; et que pourtant, à titre de choses complexes et contingentes, elles réclament une explication.

Ainsi les sciences positives prétendraient vainement saisir l'essence divine ou raison dernière des choses. Cette essence ne consiste pas dans une synthèse d'attributs, si riche qu'on la suppose. Il entre dans le concept de la perfection, en même temps qu'une idée de richesse et de plénitude, par où cette idée est à une distance infinie de la quantité indéterminée, une idée d'unité, d'achèvement, d'absolu, par où elle se distingue invinciblement de la synthèse la plus riche et la plus harmonieuse.

Ni l'expérience, ni aucune élaboration logique de l'expérience ne sauraient fournir la véritable idée de Dieu. Mais le monde donné dans l'expérience est-il toute la réalité?

Il est remarquable que le concept de la nécessité ou de l'existence absolue, qui est en quelque sorte la forme de l'entendement, ne trouve pas son application exacte dans le monde donné, en sorte que l'entendement ne peut gouverner à son gré la science, mais doit se borner à conserver les sensations et leurs liaisons, sans imposer aux concepts et aux principes abstraits qui résultent de cette conservation même le caractère de l'absolu. Est-il vraisemblable que l'idée de la nécessité, inhérente à l'entendement, soit sans aucune application légitime?

A mesure que l'on gravit l'échelle des êtres, on voit se développer un principe qui, en un sens, ressemble à la nécessité : l'attrait pour certains objets. Il semble que l'être soit conduit nécessairement. Mais il n'est pas poussé par une chose déjà réalisée, il est attiré par une chose qui n'est pas encore donnée, et qui, peut-être, ne le sera jamais.

Si nous considérons l'homme, nous voyons qu'il connaît

la nécessité sous une forme plus différente encore des conditions de l'expérience, sous la forme du devoir. Il sent à la fois qu'il doit agir d'une certaine manière, et qu'il peut agir d'une autre manière.

Ces sortes de rapports sont scientifiquement inintelligibles; et l'homme serait amené à les considérer comme des illusions, dues à l'ignorance, s'il n'avait d'autre point de vue sur les choses que celui de la spéculation. Mais il est téméraire de prétendre embrasser, de ce point de vue, tout ce qui est. Le mode de connaissance doit être approprié à l'objet à connaître; et, de même que, pour voir le soleil, il faut un organe qui tienne, en quelque sorte, de la lumière : de même, pour connaître le rapport du sensible avec le suprasensible, il faut une faculté pour laquelle le fait et l'idée, le signe et la chose signifiée cessent d'être des choses radicalement distinctes. Cette faculté, l'homme la déploie et en prend conscience, alors qu'il agit pour réaliser l'idée attrayante ou obligatoire. L'action communiquant sa vertu à l'intelligence, l'introduit dans un monde supérieur, dont les mondes visibles n'étaient que l'œuvre morte. D'une part, elle lui révèle la réalité de la puissance ou de la cause, comme principe créateur et spontané, qui existe avant, pendant et après sa manifestation. D'autre part, elle lui montre que cette puissance ne peut passer à l'acte et être ce qu'elle veut être, que si elle se suspend en quelque sorte, comme à un principe de vie et de perfection, à une fin considérée comme nécessaire, c'est-à-dire comme bonne, digne d'être poursuivie et réalisée.

Le concept de la nécessité reprend donc une valeur réelle, en un nouveau sens, il est vrai, si l'on se place au point de vue pratique. Il devient même possible de concevoir l'existence d'un objet absolument nécessaire, pourvu que l'on admette en même temps l'existence d'une liberté absolue capable de le réaliser. Or, abandonnant le point de vue externe d'où les choses apparaissent comme des réalités fixes et bornées, pour rentrer au plus profond de nous-mêmes, et saisir, s'il se peut, notre être dans sa source, nous trouvons que la liberté est une puissance infinie. Nous avons le sentiment de cette puissance chaque fois que nous agissons véritablement. Nos actes ne la réalisent pas, ne peuvent pas la réaliser, et ainsi nous ne sommes pas nous-mêmes cette puissance. Mais elle existe, puisqu'elle est la racine de nos êtres.

Ainsi l'entendement, par sa catégorie de nécessité, est le moyen terme entre le monde et Dieu ; mais il nous faut une faculté supérieure pour voir en Dieu autre chose qu'une possibilité idéale, pour donner son vrai contenu à l'idée abstraite de la nécessité. Cette faculté, nous la trouvons dans la raison, ou connaissance pratique du bien. La vie morale, où elle s'exerce, nous apparaît de plus en plus clairement (à mesure que nous nous efforçons davantage de la pratiquer dans toute sa pureté, et que, par là même, nous en connaissons mieux l'essence) comme l'effort de l'être libre pour réaliser une fin qui, en elle-même, mérite absolument d'être réalisée. Mais comment ne pas croire que cette fin supérieure, qui communique à celui qui la cherche la force et la lumière, n'est pas elle-même une réalité, la première des réalités ?

Dieu est cet être même, dont nous sentons l'action créatrice au plus profond de nous-mêmes au milieu de nos efforts pour nous rapprocher de lui. Il est l'être parfait et nécessaire.

En lui la puissance ou liberté est infinie ; elle est la source de son existence, qui de la sorte n'est pas sujette à la contrainte de la fatalité. L'essence divine, coéternelle à la puissance, est la perfection actuelle. Elle est nécessaire d'une nécessité pratique, c'est-à-dire mérite absolument d'être réalisée, et ne peut être elle-même que si elle est réalisée librement. En même temps elle est immuable, parce qu'elle est pleinement réalisée et qu'un changement, dans ces conditions, ne pourrait être qu'une déchéance. Enfin l'état qui résulte de cet acte excellent et immuable, œuvre spontanée de la puissance infinie, est une *félicité* sans changement.

Aucune de ces trois natures ne précède les autres. Chacune d'elle est absolue et primordiale ; et elles ne font qu'un.

Dieu est le créateur de l'essence et de l'existence des êtres. De plus, c'est son action, sa providence incessante qui donne aux formes supérieures la faculté d'employer, comme instruments, les formes inférieures. Il n'y a d'ailleurs aucune raison pour considérer une providence spéciale comme plus indigne de lui que la création d'un univers multiple et changeant.

Par cette doctrine de la liberté divine, la contingence que présente la hiérarchie des formes et des lois générales du monde se trouve expliquée.

Et maintenant, la connaissance de la cause première ne peut-elle éclairer la connaissance des êtres inférieurs ?

La nature humaine, forme supérieure de la créature, n'est pas sans analogie avec la nature divine. Elle possède, dans le sentiment, la pensée et la volonté, une sorte d'image et de symbole des trois aspects de la divinité. A leur tour, les êtres inférieurs, dans leur nature et dans leurs progrès, rappellent, à leur manière, les attributs de l'homme. Le monde entier semble donc être l'ébauche d'une imitation de l'être divin, mais d'une imitation symbolique, telle que la comporte l'essence du fini.

Dieu n'est-il pas le bien, le beau suprêmes ? Et, si les êtres de la nature présentent quelque analogie avec lui, n'apparaît-il pas, non plus seulement comme leur cause créatrice, mais encore comme leur idéal ? Mais si chaque être de la nature a ainsi un idéal, en vue duquel il est façonné d'avance et qui pourtant le dépasse infiniment, ne doit-il pas exister, dans chaque être, une puissance spontanée, plus grande que lui ? N'est-il pas conforme à la bonté divine d'appeler tous les êtres, chacun selon sa dignité, à l'accomplissement du bien, et de mettre en eux l'activité spontanée qui en est la condition indispensable ?

La marche des choses peut être comparée à une navigation. Si le premier soin des navigateurs est d'éviter les écueils et de se soustraire aux tempêtes, là ne se bornent pas leurs efforts. Ils ont un but à atteindre ; et, à travers les circuits de toute sorte qu'il leur faut faire, ils y tendent constamment. Avancer, ce n'est pas échapper plus ou moins complètement aux dangers dont la route est semée, c'est se rapprocher du but. Mais, en même temps qu'ils ont une mission, les navigateurs ont la liberté d'action nécessaire pour l'accomplir ; et ceux qui sont plus spécialement chargés de diriger le navire jouissent d'une autorité plus grande. Sans doute, la puissance de ces hommes n'est rien, comparée à celle de l'Océan ; mais elle est intelligente et organisée : elle s'exerce à propos. Grâce à une série de manœuvres qui ne changent pas d'une manière appréciable les conditions extérieures, mais qui toutes sont calculées pour en tirer parti en vue du but à atteindre, l'homme parvient à faire, des flots et des vents, les ministres de ses volontés.

De même les êtres de la nature n'ont pas pour unique fin de subsister, à travers les obstacles qui les entourent, et de se plier aux conditions extérieures : ils sont un idéal à réaliser ; et cet idéal consiste à se rapprocher de Dieu, à lui ressembler, chacun dans son genre. L'idéal varie avec les différents êtres, parce que chacun d'eux a une nature spéciale et ne peut cependant imiter Dieu que dans et par sa propre nature.

La perfection pour laquelle les créatures sont nées leur donne droit à un certain degré de spontanéité, nécessaire pour se dépasser elles-mêmes. Plus est élevée la mission d'un être, c'est-à-dire plus sa nature comporte de perfection, plus aussi est étendue sa liberté, moyen de marcher à sa fin. Et il n'est pas nécessaire que ces libertés bouleversent les choses pour que celles-ci leur prêtent un secours efficace. Le monde est ainsi disposé qu'une intervention insensible, mais appropriée, peut tourner en auxiliaires les forces les plus ennemies.

Cette doctrine, appliquée aux différentes formes de l'être, expliquerait, semble-t-il, à l'exclusion de tout hasard, la contingence qui peut se manifester dans leur histoire.

Il y a pour l'homme un idéal, que l'entendement détermine en mettant l'idée de la nature humaine en présence de l'idée de Dieu, et en façonnant la première à la ressemblance de la seconde, non pas, sans doute, suivant une méthode d'imitation pure et simple, mais suivant une méthode d'interprétation, de traduction, d'équivalence symbolique : car, s'il est gratuit d'assigner une limite à la perfectibilité humaine, il est, d'autre part, contraire aux conditions pratiques du perfectionnement de prétendre atteindre le but sans parcourir, une à une, toutes les étapes intermédiaires.

La perfection de la volonté serait la bonté, la charité qui irait jusqu'au don de soi-même. La perfection de l'intelligence serait la connaissance complète qui permettrait de prévoir et de diriger le cours des choses. La perfection de la sensibilité serait le bonheur qui accompagnerait l'exercice intelligent et efficace de la charité.

Cet idéal, dont l'homme voit clairement le rapport avec la fin suprême, c'est-à-dire avec la perfection divine, lui apparaît, par là même, comme obligatoire à poursuivre. C'est ce qu'il appelle le bien.

D'un autre côté, ce même idéal, en tant qu'il participe de la nature humaine, forme imparfaite, ne se confond pas avec le bien en soi lui-même : il n'en est qu'un symbole, une traduction en langage humain ; c'est une figure qui a un sens par elle-même, indépendamment du sens supérieur qu'elle recèle. A ce second point de vue, l'idéal est ce qu'on nomme le beau, et il agit par attrait.

Pour accomplir le bien obligatoire, pour suivre l'attrait du beau, l'homme est doué d'une spontanéité intelligente, dont la forme la plus élevée est le libre arbitre ou faculté de choisir entre le bien et le mal, entre les actions qui rapprochent de Dieu et celles qui en éloignent. Grâce à cette puissance, l'homme est en mesure d'intervenir dans le cours de ses désirs, de ses idées, de ses états affectifs, et de les transformer en volontés, en pensées, en satisfactions de plus en plus relevées. Par là aussi, il domine la nature, parce que son âme peut agir sur son corps, et que son corps peut agir sur la matière. Il possède ainsi une liberté interne et une liberté externe.

Mais cette spontanéité libre, éprise en quelque sorte de ses actes, comme si, d'abord, ils réalisaient l'idéal, se laisse déterminer par eux et se transforme en habitude. Cette métamorphose est l'œuvre de l'entendement métaphysique, ou instinct d'immutabilité, qui, les yeux fixés sur l'essence immuable de Dieu, prête la forme de l'absolu à la face des actions humaines qui regarde l'idéal divin. Cette halte serait légitime, s'il arrivait que les œuvres de la spontanéité humaine présentassent jamais toute la perfection qu'elles comportent, si l'idéal humain était jamais réalisé. Mais la spontanéité libre, dans les conditions du monde actuel, ne peut que s'en approcher de plus en plus. Elle n'est jamais au bout de sa tâche.

Cependant l'activité humaine, de plus en plus déterminée par la répétition exclusive des mêmes actes, dégénère peu à peu en tendance aveugle, fatale et uniforme, et engendre des phénomènes dont l'ordre de succession est sensiblement constant. Vus du dehors, ces phénomènes semblent n'être autre chose que l'expression d'une loi positive ou rapport nécessaire entre des objets d'expérience. On peut alors tenter la systématisation et l'explication de tous les actes de l'homme, même de ceux qui tombent sous le jugement de la conscience morale, sans avoir égard à l'existence d'une spontanéité intercurrente. La statistique envahit légitimement le domaine qu'a déserté le libre arbitre; et les conclusions en sont sensiblement confirmées par les faits, lorsqu'elle opère sur de larges bases, parce que les hommes qui percent la couche épaisse de l'habitude pour réveiller et déployer leur libre arbitre sont en nombre insignifiant, en comparaison de ceux que gouverne l'habitude, forme anticipée de la nature. Mais ce sont les premiers qui en réalité sont les arbitres du monde : les actions mécaniques du nombre ne sont que les contre-coups de l'impulsion qu'ils ont donnée ; et voilà pourquoi l'on ne peut, en définitive, trouver deux périodes historiques qui soient, dans le fond, exactement semblables. L'impulsion initiale, insensible pendant le cours d'une période qu'elle détermine dans tous ses détails, se révèle à l'observateur qui compare entre eux des systèmes issus d'impulsions différentes. Et ceux-là mêmes qui se bornent à suivre le courant sentent vaguement, au fond de leur âme, une puissance de changement. Qu'ils essaient de l'exercer, et la réalité en deviendra palpable à leur conscience; et elle se fortifiera par l'exercice même, au point de produire des effets qui dérouteront le calcul. L'hérédité, l'instinct, le caractère, l'habitude, ne sont plus des lois absolument fatales, du moment où ils ne sont, au fond, que la réaction des actes sur la spontanéité. La même volonté qui s'est créé une habitude peut la modifier pour s'élever plus haut, et aussi pour redescendre ; elle peut maintenir à ses habitudes le caractère actif qui en fait le marche-pied d'un perfectionnement supérieur, comme aussi s'oublier dans des habitudes passives qui la paralysent de plus en plus.

L'uniformité de succession qui caractérise les lois psychologiques n'est donc qu'une phase de l'activité humaine. L'âme peut, par un surcroît d'énergie, perfectionner ses habitudes, son caractère et sa nature la plus intime. Mais elle se duperait elle-même si, pour accroître ainsi sa liberté d'action, elle prenait uniquement son point d'appui dans la nature humaine proprement dite ou dans la nature des êtres inférieurs, si elle n'avait d'autre levier que l'amour de soi ou l'adaptation aux forces inintelligentes. L'homme qui ne poursuit que son intérêt est esclave de sa nature propre. L'homme dont la volonté n'est que l'expression des influences extérieures est esclave des choses. C'est en remontant à la source de la liberté que l'homme peut accroître la sienne. Or cette source est la perfection, fin pratique qui réclame un agent libre. C'est donc en prenant en définitive son point d'appui au-dessus de soi, dans l'idée même de la fin pour laquelle il est né, que l'homme pourra dominer, et sa propre nature et le monde qu'il habite.

Mais cette fin de la nature humaine n'est pas une idée pure et simple, dont l'homme n'ait sous les yeux aucune expression visible. Elle trouve un commencement de réalisation dans les sociétés organisées, où les lois, les mœurs, la conscience publique mettent la vertu en honneur et flétrissent l'abaissement moral. C'est donc en vivant pour la société et en se suspendant à elle que l'homme peut, dans la pratique, déployer et accroître sa liberté. La société est le soutien visible de la liberté humaine.

Mais il y a deux manières de comprendre le lien social. Ce peut être un lien purement extérieur, fondé sur la défiance réciproque et sur des combinaisons plus ou moins savantes : dans ce cas, la forme sociale a une influence plus coercitive qu'éducatrice. Mais ce peut être aussi un lien interne et direct entre les volontés elles-mêmes, une réciprocité de confiance et de dévouement ; or c'est surtout quand elle est ainsi réalisée que la forme sociale peut contribuer puissamment au perfectionnement moral de l'homme. Ne voyons-nous pas que l'exemple, en s'adressant directement à la volonté sans passer par le raisonnement, agit bien plus sûrement, bien plus profondément que les démonstrations les plus concluantes? La vie ne peut résulter d'un mécanisme.

Spontanément subordonnée à la société, la liberté humaine s'exerce efficacement sur l'âme et sur la nature. Elle réprime les passions égoïstes qui ôtent à l'homme la possession de soi. Elle coordonne les désirs et les pensées, entre lesquels régnerait une lutte intestine, si une fin supérieure au bien individuel ne leur était proposée. L'homme se sent devenir meilleur, quand il travaille au bien de ses semblables. En même temps s'accroît son empire sur la nature. Par la convergence des efforts et par la science, l'homme transforme de plus en plus les obstacles en instruments ; et, en même temps, il prête à ces êtres inférieurs des beautés nouvelles. S'il est impuissant à créer des forces analogues à celles de la nature, il peut, par une série d'actions mystérieuses dont la possibilité tient sans doute à l'analogie interne des êtres, propager jusqu'à la matière l'aspiration de son âme vers l'idéal, et, en même temps qu'il se concilie les êtres inférieurs à lui, susciter en eux un progrès que la nature n'aurait su produire.

Or, au point de vue même du perfectionnement qui lui est propre, l'homme a besoin de posséder un tel empire sur le monde. Car l'influence du corps et des choses sur ses affections, ses pensées et ses désirs est si profonde, qu'à vrai dire il ne modifie réellement sa nature morale que par l'intermédiaire de ces puissances inférieures. Il lui faut reculer de conditions en conditions et modifier les phénomènes psychologiques, ceux-ci par les phénomènes chimiques et physiques, ceux-ci enfin par les phénomènes mécaniques : l'œuvre de régénération sera d'autant plus stable qu'elle reposera sur des assises plus profondes. C'est ainsi que pour arrêter les inondations, on ne se borne pas à protéger par des digues les plaines envahies, mais on remonte jusqu'à la source du fleuve, et l'on en détourne le cours.

L'humanité est puissante quand elle déploie la faculté d'union, d'harmonie, de hiérarchie morale et spontanée dont elle est douée à un degré supérieur. Car la puissance appartient à l'union des âmes. C'est parce qu'il possède, dans l'organisation, une sorte d'ébauche de cette harmonie que le monde vivant, si fragile en apparence, plie à ses fins le monde inorganique, où règne l'uniformité, la division, l'isolement. Et, dans la personne humaine, c'est parce que les puissances psychiques sont ramenées à l'unité par la conscience, que l'âme est maîtresse du corps, où chaque organe prétend à une vie séparée. C'est parce que la volonté se subordonne à une fin qui, en retour, lui communique son unité, qu'elle peut régner sur les passions, dont chacune veut absorber toutes les forces de l'âme, et qui, par suite, se combattent et s'affaiblissent elles-mêmes. C'est enfin parce que la société est une hiérarchie morale, et possède, à ce titre une unité supérieure, qu'elle est capable d'étendre la puissance de l'homme et d'accroître, comme indéfiniment, son empire sur lui-même et sur les choses.

Et, si l'homme est puissant par la société qui coordonne ses forces, d'autre part, à mesure qu'il s'en isole davantage, et que, par là même, il donne à sa vie un but moins élevé, à mesure diminue sa liberté intérieure et extérieure. Il rencontre, au dedans de lui-même, des passions qui le tirent en tous sens, et qu'il n'a plus la force de maitriser. Précieux auxiliaires quand elles étaient subordonnées, elles réduisent l'homme à l'impuissance quand elles s'en disputent la possession : la nature humaine porte en soi les marques d'une destination plus haute que la vie individuelle. De même, l'individu isolé est sans force en présence de la nature. Celle-ci reprend son avantage lorsque l'homme abdique le privilège d'une harmonie supérieure, qui l'élevait au-dessus d'elle.

S'il est vrai que l'homme possède, dans le libre arbitre, une image de la liberté divine, il n'est plus étonnant que l'ordre des phénomènes psychologiques présente quelque degré de contingence. L'élément contingent est précisément l'effet extérieur du progrès ou de la décadence morale, de l'intervention de la liberté pour modifier une habitude, mauvaise ou bonne. Les lois fixes, au contraire, sont l'expression de la part laissée par l'âme à l'habitude.

La doctrine de la spontanéité, plausible en ce qui concerne l'homme, est-elle inapplicable aux êtres dépourvus de conscience ?

Sans doute, ces êtres ne peuvent posséder cette forme supérieure de la spontanéité qu'on nomme le libre arbitre, et qui consiste à poursuivre des fins éloignées, en ayant conscience, au moment où l'on adopte un parti, de la faculté qu'on a d'en embrasser un autre. Sans doute aussi il est impossible d'assigner dans quelle mesure la spontanéité peut leur appartenir en propre et se distinguer de l'action créatrice de Dieu. Mais, d'un autre côté, les êtres inférieurs seraient-ils véritablement des êtres, s'ils n'existaient que comme phénomènes ; si, en eux-mêmes, ils n'étaient rien ? Quand nous voyons en nous les phénomènes physiologiques et physiques correspondre à des activités internes qui ne sont pas absolument sans analogie avec notre âme, puisqu'elles la secondent ou l'entravent, pourquoi ne pas admettre l'existence d'une puissance interne partout où nous voyons un phénomène ?

Les formes inférieures sont, comme l'homme, du moins dans une certaine mesure, susceptibles de perfectionnement. Pour elles aussi il y a un idéal, qui est de ressembler, à leur manière, aux formes supérieures et, en définitive, à Dieu lui-même. Comment la nature, les montagnes, la mer, le ciel, peuvent-ils ressembler à l'homme ? Les poètes le savent, et ils traduisent dans notre langage les mystérieuses harmonies des choses. D'ailleurs, ce n'est pas en se métamorphosant, en changeant de nature, que les êtres inférieurs peuvent ainsi exprimer des idées de plus en plus hautes. La métamorphose radicale d'un règne naturel serait une révolution qui priverait l'univers d'un de ses ornements, d'une de ses colonnes. Loin de s'embellir, d'ailleurs, un être inférieur s'enlaidit en imitant, sans l'interpréter selon ses facultés propres, la physionomie d'un être supérieur. Le symbole n'est objet d'admiration que si la forme en est naturelle, en même temps qu'expressive. Il y a, de la sorte, pour chaque être de la nature, un idéal particulier.

Dans la série descendante des formes inférieures, l'idéal, ou degré de perfection compatible avec la nature des êtres, s'éloigne de plus en plus de la perfection absolue, et, pour cette raison, apparaît de moins en moins comme indispensable à réaliser : dès lors, ce n'est plus le bien obligatoire, c'est le beau, symbole dont le sens mystérieux se perd de plus en plus, dont le côté visible se développe, et qui, par suite, exerce un attrait de plus en plus immédiat.

Parce qu'il y a, pour les êtres de tous les degrés, un idéal à poursuivre, il doit exister, en tous, un degré de spontanéité, une puissance de changement proportionnée à la nature et à la valeur de cet idéal. Mais la spontanéité des êtres inférieurs, aveugle et incapable de tendances médiates, subit, bien plus encore que celle de l'homme, la réaction suivant des changements mêmes qu'elle engendre ; et elle se détermine, se limite, s'absorbe dans les choses, à un point dont l'habitude humaine ne donne qu'une faible idée. L'instinct des animaux, la vie, les forces physiques et mécaniques sont, en quelque sorte, des habitudes qui ont pénétré de plus en plus profondément dans la spontanéité de l'être. Par là ces habitudes sont devenues presque insurmontables. Elles apparaissent, vues du dehors, comme des lois nécessaires. Toutefois cette fatalité n'est pas de l'essence de l'être ; elle lui est accidentelle. C'est pourquoi l'intervention des spontanéités supérieures, ou, sans doute, l'influence directe de l'idéal, peut tirer de leur torpeur les créatures les plus imparfaites, et exciter leur puissance d'action.

Ainsi, d'une part, il y a, pour tous les êtres, un idéal, un modèle, parfait dans son genre, que l'entendement compose en transfigurant les essences naturelles à l'aide d'un rayon divin ; d'autre part, il y a, chez tous, une spontanéité appropriée à la poursuite de cet idéal.

Dès lors, dans chaque région de l'être, les essences et les lois ont deux aspects.

Dans le monde physiologique, la vie ne se réduit pas à un ensemble de fonctions observables. C'est, au fond, une puissance interne, tendant à réaliser, au sein de chaque espèce, les formes, non seulement les plus utiles aux êtres eux-mêmes, mais encore les plus belles, que cette espèce comporte.

Dans le monde physique, les propriétés sont de véritables puissances de changement d'état, de combinaison et de décomposition, tendant à réaliser les formes, non seulement les plus stables, mais encore les plus belles que puisse admettre la nature des corps.

Dans le monde mécanique, la force n'est pas seulement l'expression de relations observables entre les mouvements : c'est encore une puissance effective, tendant à réaliser le beau en le traduisant dans la langue de l'étendue, de la figure, de la symétrie et du mouvement.

De la sorte, les principes de la physiologie, de la physique et des mathématiques n'auraient pas seulement un sens matériel et une origine a posteriori : ils auraient en outre un sens esthétique, et, à ce point de vue, une origine a priori.

Enfin, même dans les formes abstraites de l'être, la spontanéité n'est peut-être pas tout à fait absente.

L'ordre logique, ou subordination des faits à la notion, recèle peut-être l'action spontanée de la raison interne ou cause finale, dont la notion ne serait que le signe logique. Les individus auraient ainsi leur raison d'être dans l'espèce. Quoique relativement immobile, le type, ou cause finale, posséderait la spontanéité nécessaire à la poursuite des formes les plus belles. Par là, les lois logiques expérimentales reposeraient, en définitive, sur des principes esthétiques a priori.

De même, l'ordre ontologique, ou liaison causale des phénomènes, recèlerait de véritables causes, ou puissances métaphysiques engendrant les changements du monde. Et ces puissances élémentaires, presque identiques avec la fatalité, puisqu'elles sont, en quelque sorte, l'habitude de l'être sur laquelle reposent toutes les autres, n'en conserveraient pas moins, dans leur essence interne, un reste de spontanéité, qui aurait pour objet de produire le plus possible avec le moins de matériaux, de créer des effets qui dépassent leurs conditions extérieures, leur cause phénoménale. Ainsi le principe de causalité aurait, lui aussi, un sens esthétique, et, à ce point de vue, une origine a priori.

Quant à l'idée de nécessité, elle serait, au fond, la traduction, en langage logique aussi abstrait que possible, de l'action exercée par l'idéal sur les choses, par Dieu sur ses créatures. Elle serait le symbole le plus matériel de l'obligation morale et de l'attrait esthétique, c'est-à-dire de la nécessité consentie et sentie. Elle serait le terme au delà duquel le signe sensible, n'exprimant plus rien que lui-même, finit par s'évanouir et s'identifier avec le néant absolu. Et, en ce sens, l'idée de nécessité serait, elle aussi, un principe posé a priori.

La métaphysique pourrait donc, sur le terrain préparé par la doctrine de la contingence, établir une doctrine de la liberté. Selon cette doctrine, les principes suprêmes des choses seraient encore des lois, mais des lois morales et esthétiques, expressions plus ou moins immédiates de la perfection divine, préexistant aux phénomènes et supposant des agents doués de spontanéité : ce serait le bien pratique, ou idéal qui mérite d'être réalisé, qui cependant peut ne pas l'être, et qui ne se réalise en effet que lorsqu'il est accompli spontanément. Quant aux lois de la nature, elles n'auraient pas une existence absolue ; elles exprimeraient simplement une phase donnée, une étape et comme un degré moral et esthétique des choses. Elles seraient l'image, artificiellement obtenue et fixée, d'un modèle vivant et mobile par essence. La constance apparente de ces lois aurait sa raison dans la stabilité inhérente à l'idéal lui-même. L'être, pourrait-on dire, tend à s'immobiliser dans la forme qu'il s'est une fois donnée, parce qu'il la voit, tout d'abord, sous les traits qui participent de l'idéal : il s'y complaît et tend à y persévérer. C'est ce qu'en l'homme on appelle l'habitude. Or l'habitude, grâce divine, lorsqu'elle est active et envisagée comme un degré qui permet de s'élever plus haut encore, devient une cause d'affaiblissement, de dispersion des forces et de dissolution, lorsqu'elle est prise pour un terme définitif, lorsqu'elle est passive. Plus enracinée et plus passive à mesure que l'idéal est moins élevé et moins médiat, l'habitude se traduit successivement par des facultés, des instincts, des propriétés et des forces. Elle donne aux êtres inférieurs l'apparence d'un tissu de lois sans vie. Mais l'habitude n'est pas la substitution d'une fatalité substantielle à la spontanéité : c'est un état de la spontanéité elle-même. Celle-ci demeure donc, sous les lois auxquelles elle paraît soumise, et peut encore être sensible à l'attrait d'une beauté, d'une bonté supérieure. A tous ses degrés, la spontanéité peut se rapprocher de son idéal, et perfectionner sa nature. Elle trouve, dans l'attachement à cet idéal lui-même, un surcroît d'énergie qui lui permet de rassembler les éléments disséminés par l'habitude passive, et de les organiser en vue d'une conquête nouvelle. A mesure que les êtres cessent ainsi de vivre uniquement pour eux-mêmes, et que devient plus spontanée et plus complète la subordination de l'être inférieur au supérieur, l'adaptation interne des conditions au conditionné, de la matière à la forme : à mesure aussi diminue, dans le monde, l'uniformité, l'homogénéité, l'égalité, c'est-à-dire l'empire de la fatalité physique. Le triomphe complet du bien et du beau ferait disparaître les lois de la nature proprement dites et les remplacerait par le libre essor des volontés vers la perfection, par la libre hiérarchie des âmes.

FIN

TABLE

Introduction.	1
Chapitre Ier. — De la Nécessité	7
Chapitre II. — De l'Être.	15
Chapitre III. — Des Genres.	29
Chapitre IV. — De la Matière.	43
Chapitre V. — Des Corps.	62
Chapitre VI. — Des Êtres vivants.	76
Chapitre VII. — De l'Homme.	98
Conclusion	131

www.ingramcontent.com/pod-product-compliance
Lightning Source LLC
Chambersburg PA
CBHW070701100426
42735CB00039B/2416